Ulrich Knellwolf, Heinz Rüegger

In Leiden und Sterben begleiten

T V Z

Ulrich Knellwolf
Heinz Rüegger

In Leiden und Sterben begleiten

Kleine Geschichten
Ethische Impulse

TVZ

Theologischer Verlag Zürich

Gedruckt mit Unterstützung der Stiftung
Diakoniewerk Neumünster – Schweizerische Pflegerinnenschule

Satz:
Claudia Wild, Stuttgart

Umschlaggestaltung:
g : a gataric ackermann   visuelle gestaltung   www.g-a.ch

Druck:
ROSCH BUCH GmbH, Scheßlitz

Die Deutsche Bibliothek – Bibliographische Einheitsaufnahme
Die Deutsche Bibliothek verzeichnet diese Publikation in der Deutschen Nationalbibliographie; detaillierte bibliographische Daten
sind im Internet über <http://dnb.ddb.de> abrufbar

ISBN 3-290-17347-X

© 2004 Theologischer Verlag Zürich
2. Auflage 2005

Vorwort

Es fällt uns schwer, uns mit Tod und Sterben auseinanderzusetzen. Besonders wenn es um den eigenen Tod, das eigene Sterben geht. Nur die wenigsten beschäftigen sich ohne zwingenden Grund mit diesen Fragen. Andererseits zählen Themen wie ‹würdiges Sterben› oder ‹Sterbehilfe› zu den gesellschaftspolitischen Problemen, die auf starkes Interesse stossen und heftige Diskussionen auslösen. Die Spannung zwischen Verdrängung einerseits und Interesse an Tod und Sterben andrerseits kennzeichnet unsere heutige Lage.

Das vorliegende Buch will eine Hilfe sein zum Gespräch über diese Themen. Es will dazu beitragen, sich über das Lebensende Gedanken zu machen. Über Erfahrungen wie die, krank zu sein, von der Pflege anderer abhängig zu werden, medizinische Hilfe zu beanspruchen oder auf sie zu verzichten, dem Tod entgegenzugehen oder andere auf diesem letzten Weg zu begleiten. Dabei stellen sich zahlreiche ethische Fragen, um die niemand herumkommt, der sich mit diesen Themen ernsthaft auseinandersetzen will.

Wir haben einen etwas ungewöhnlichen Weg gewählt. Im ersten Teil enthält das Buch dreiundzwanzig kleine Geschichten. Sie sind frei erzählt, aber nicht frei erfunden. Sie gehen auf konkrete Erfahrungen und Begegnungen des Verfassers zurück. Dass gerade diese Geschichten ausgewählt wurden, beruht durchaus auf subjektiven Kriterien. Es ging uns nicht um thematische Vollständigkeit oder objektiv ausgewogene Perspektiven. Es sind Geschichten, die uns selbst nachdenklich gemacht haben und von denen wir denken, dass sie auch andere zum Nachdenken anregen. Jede Geschichte steht vorerst einmal für sich selbst, kann unabhängig von den anderen gelesen und mit eigenen Erfahrungen verknüpft werden. Die Geschichten unterscheiden sich von klassischen Fallbeispielen, wie sie in der Medizin und Pflege diskutiert werden. Ihre Absicht ist es, Fragen und intuitive Stellungnahmen zu provozieren, Zustimmung oder Kritik, über die dann weiter nachgedacht werden kann, alleine oder im Gespräch mit anderen.

Wer die kleinen Geschichten als Einstieg in ein Gruppengespräch benützen will – etwa im Unterricht, in der Erwachsenenbildung oder bei einer Besprechung im Team von Mitarbeitenden eines Heims – findet im zweiten Teil zu jeder Erzählung ein paar Hinweise: Welche ethischen Themen angesprochen werden; Leitfragen, die als Einstieg in eine Diskussion verwendet werden können; Verweise auf ethische Sachinformationen im dritten Teil, die für eine differenzierte Diskussion nützlich sind.

Der dritte Teil enthält Impulse und Informationen zu den Themen, die in den Geschichten anklingen. Dieser Theorie-Teil versucht, ethische Fragen möglichst allgemeinverständlich darzustellen. Er steht wiederum für sich und kann auch ohne die Geschichten gelesen werden – als eine kleine Einführung in die ethische Auseinandersetzung rund um die Fragen von Leiden und Sterben. Einige wenige Literaturangaben sollen Interessierten, die gewissen Fragen etwas intensiver nachgehen wollen, den Zugang zu weiterführenden Informationen erleichtern.

Wir hoffen, dass die folgenden Seiten eine Anregung sind für eigene, fundierte Auseinandersetzung mit diesen Fragen, die uns alle unmittelbar angehen. Als Adressaten stehen uns zum einen Menschen vor Augen, die professionell mit Leiden und Sterben zu tun haben, also Ärztinnen, Pflegende, Seelsorger, Heimleiter oder Heimmitarbeitende. Zum andern sind die Geschichten und die Impulse des dritten, theoretischen Teils auch schon im Rahmen von Aus- und Weiterbildungen eingesetzt worden. Schliesslich denken wir an Personen, die ehrenamtlich oder als Angehörige andere Menschen im Leiden und Sterben begleiten. Sie alle soll dieses Buch unterstützen. Denn wenn es uns gelingt, Krankheit und Sterben als wichtigen Teil unseres Lebens ernst zu nehmen und in unser Leben zu integrieren, werden wir menschlicher und lebendiger.

Wir haben vielen zu danken, die uns mit ihrem Interesse und ihren kritischen Kommentaren beim Schreiben dieses Buches geholfen haben: Allen voran Dr. Werner Widmer, der die Idee zu einem Buch, das Geschichten und ethische Theorie verbinden sollte, zuerst aufbrachte. Sodann danken wir Dr. Jan Burkhard, Erika Heggli, Evelyn Huber, Marlis Lustig, Dr. Tatjana Meyer-Heim, Benedikt Mosimann, Elisabeth Pickel, Helena Theiler, Dr. Theophil Vogt und Therese Wyss für wichtige Hinweise. Schliesslich danken wir der Stiftung Diakoniewerk Neumünster – Schweizerische Pflegerinnenschule, ohne deren finanzielle Unterstützung dieses Buch nicht zustande gekommen wäre.

Zollikerberg, im September 2004
Ulrich Knellwolf und Heinz Rüegger

Inhalt

Teil I:
Kleine Geschichten

Einleitung

Die dreiundzwanzig kurzen Texte sind Geschichten, keine Fallbeispiele. Geschichten erzählen die Realität anders als Fallbeispiele. Sie verzichten auf Vollständigkeit, zielen auf das charakteristische Detail; dadurch spitzen sie zu und sind einseitig, hoffentlich ohne unsachlich zu sein.

Fallbeispiele werden von Fachleuten erzählt und wenden sich an Fachleute – zum Beispiel der Medizin und der Pflege. Geschichten können alle erzählen, und sie wenden sich an alle. So führen sie Fachleute und Laien ins Gespräch miteinander. Das verlangt freilich von den Fachleuten, sich auf die Laienperspektive einzulassen und davon Erkenntnisgewinn zu erwarten. Den medizinischen und pflegerischen Laien muten solche Geschichten zu, für weitere Erkenntnis auf die Fachleute und ihre Fallbeispiele zu hören.

Geschichten erzählen immer von besonderen Situationen, die ein wenig quer stehen zu dem, was als selbstverständlich gilt. Damit rufen Geschichten andern Geschichten und ermuntern dazu, das Selbstverständliche und das durch das Selbstverständliche Verdeckte zu bedenken.

Die Geschichten sind geschrieben mit grossem Respekt vor der Ernsthaftigkeit und Professionalität, mit der heute Ärzte, Ärztinnen und Pflegende in Spitälern und Heimen sich darum bemühen, Menschen in Leiden und Sterben zu begleiten.

Einer muss entscheiden

Die ersten Anzeichen von Alzheimer haben früh eingesetzt; sie war noch nicht siebzig. Jetzt ist sie dreiundachtzig und kennt niemanden mehr, weder ihren Mann, noch ihre Kinder. Auch den eigenen Namen hat sie vergessen. Davon abgesehen ist sie körperlich in recht guter Verfassung und psychisch auch. Zwar muss sie gefüttert werden wie ein kleines Kind; aber sie freut sich an einem guten Essen, am Sonnenschein, an einem Spatz auf dem Balkon vor ihrem Zimmer, an den Blumen in der Vase auf dem Tisch.

Hie und da läuft sie davon, gestern bei strömendem Regen barfuss und nur in einem Morgenmantel. Die Polizei brachte sie drei Stunden später zurück; vollkommen durchnässt und durchfroren hatte sie auf einer Parkbank gesessen. Seither liegt sie im Bett, mit ersten Anzeichen einer Lungenentzündung.

«Bitte keine lebensverlängernden Massnahmen», sagte gestern Abend ihr Sohn, der von der Heimleitung gerufen worden war.

«Ich denke auch, wir lassen es besser», sagte heute Morgen der Arzt.

«Aber die Frau ist doch keineswegs lebensmüde!», widersprach die Stationsleiterin. «Haben Sie schon einmal gesehen, wie die sich freuen kann? Die Frau will leben!»

«Glauben Sie wirklich?», fragte der Arzt.

Verleidet

Ich kenne sie seit langem. Sie hat viel mitgemacht. Der Mann gestorben, kaum war er im Ruhestand, die Tochter an Krebs gestorben, der eine Sohn wegen Vermögensdelikten verurteilt, der zweite von der Frau wegen eines Andern verlassen. Trotzdem verlor sie nie die Haltung. Sie hat etwas von einem preussischen Offizier an sich, obwohl sie aus einer Zürcher Familie kommt. Nicht so ihr Mann. Der war Italiener, und es hat seinerzeit allerhand gebraucht, bis sie ihn heiraten konnte. Aber sie hat es durchgesetzt und nie bereut.

Jetzt ist sie kurz vor hundert. Sie liest die Zeitung noch ohne Brille. Sie braucht kein Hörgerät und zum Gehen nicht mehr als einen Stock.

Im eigenen Haus wollte sie nicht bleiben, obwohl sie sich die Hilfen hätte leisten können. Es brauche zu viel Geld, fand sie, darin ganz eine puritanische Zürcherin. Im Heim ist es ihr nicht weiter unwohl, wenn ihr auch die neue Leiterin etwas ungehobelt vorkommt. So etwas färbe natürlich sofort auf das übrige Personal ab.

Die Schwierigkeiten in der Familie haben sich einigermassen lösen lassen. Der straffällig gewordene Sohn lebt im Ausland. Der von seiner Frau verlassene Sohn hat eine nette Partnerin gefunden. Sie selbst ist über den Tod der eigenen Tochter hinweggekommen.

Unwohl ist es ihr hingegen in der Welt. Sie verstehe sie nicht mehr, sagt sie. Was da nur jeden Tag in der Zeitung steht! Treu und Glauben gelten nichts mehr, ein Wort hat aufgehört, ein Wort zu sein. Statt mit dem gesunden Menschenverstand, will man heutzutage alles mit der Wissenschaft lösen.

Kommt dazu, dass sie sich nicht bloss über den Inhalt ihres Leibblattes aufregt, sondern auch über die Art, wie es berichtet. Zu einer Boulevardpostille sei bald kein Unterschied mehr, schimpft sie. Am liebsten schriebe sie einen Leserbrief. Aber sie weiss, dass man als Leserbriefschreiberin immer die Dumme ist.

So redet sie, mit geradem Rücken in ihrem Polsterstuhl sitzend. Und dann sagt sie: «Ich wollte Sie fragen, ob Sie an meinem Grab ein paar Worte sprechen würden.»

So bald werde das bei ihrem Zustand ja nicht nötig sein, antworte ich.

«Vielleicht eher, als Sie glauben. Würden Sie es auch tun, wenn ich mich umbringe?»

Sie sagt nicht ‹das Leben nehmen› und braucht auch keine andere schonende Umschreibung.

Was sie vorhabe, frage ich besorgt zurück.

«Antworten Sie zuerst. Sprechen Sie auch unter diesen Umständen an meinem Grab? Viel muss es nicht sein.»

Ich nicke.

«Und gibt es dann etwas anderes zu sagen, als wenn ich eines natürlichen Todes gestorben wäre? Zum Beispiel, dass eine Selbstmörderin nicht in den Himmel kommt?»

Wieder so ein schonungsloser Begriff. Ich schüttle den Kopf.

«Gut», sagt sie. «Das wollte ich wissen. Und nun hören Sie zu. Mir ist das Leben verleidet. Gründlich verleidet, und ich finde, es habe keinen Zweck und mache keine Freude mehr. Mit meinen Kindern habe ich gesprochen, mit der Heimleitung auch. Nächste Woche kommt der Mann, der mir das Zeug bringt.»

«Was sollte ich sagen?», fragt die Heimleiterin, als ich sie darauf anspreche. «Was haben Sie ihr gesagt?»

«‹Adieu› haben wir einander gesagt», gebe ich zur Antwort.

Der liebe Gott hat mich vergessen

Hundert Jahre alt werden wolle sie nicht, sagt sie immer und beklagt sich, dass sie noch lebe. «Ich glaube, der liebe Gott hat mich vergessen.»

Wenn man sie so reden hört, bekommt man den Eindruck, ihr grösster Wunsch sei, möglichst bald zu sterben. Das Personal kennt ihren Wunsch. Falls sie krank werde, wolle man nicht mehr mit grossem Geschütz auffahren, so ist man mit ihren Angehörigen übereingekommen. Sie ist siebenundneunzig und bei erstaunlich guter Gesundheit. Nur hie und da gibt es eine leichte Störung.

Beispielsweise letzten Frühling, als sie plötzlich eine Blasenentzündung mit Fieber bekam. Noch am Tag zuvor hatte sie ihren Spruch hergesagt: «Ich glaube, der liebe Gott hat mich vergessen.» Nun schien sich der liebe Gott an sie zu erinnern, ihren Wunsch erfüllen und sie sterben lassen zu wollen. Doch wenn das seine Absicht war, hatte er die Rechnung ohne die Klientin gemacht. Die nämlich dachte von einer Stunde auf die andere nicht mehr daran, sich ins Schicksal zu ergeben und den Händen des lieben Gottes zu überlassen. Im Befehlston verlangte sie den Arzt, und als der nicht sofort erschien, reklamierte sie lauthals, bis er an ihrem Bett stand. Hier bekam er sogleich den Tagesbefehl diktiert: was ihr fehle, was ihr gut tue und was er zu verschreiben habe. Und dann schaute sie den Pflegerinnen auf die Finger, ob sie sich auch genau an die Verordnungen des Arztes hielten.

So schnell, wie sie erwartet hatte, wurde sie nicht wieder gesund. Es gab allerlei Komplikationen, aber das alles steigerte nur ihren Lebenswillen. Mit zäher Energie biss sie sich durch – und war drei Wochen später wieder gesund. Als der Seelsorger sie fragte, wie es ihr denn nun gehe, strahlte sie ihn an: «Ich bin noch einmal davongekommen!»

Am Tag darauf sagte die Pflegerin zu ihr, sie finde es schön, dass es ihr wieder so gut gehe. Worauf die alte Frau antwortete: «Ach wissen Sie, ich glaube, der liebe Gott hat mich vergessen.»

Die Prüfung

Er litt. Er litt wie ein Hund. Verkrümmt lag er im Bett und stöhnte. Er gab sich Mühe, dass das Stöhnen nicht zu laut wurde. Wahrscheinlich hätte er vor Schmerz am liebsten geschrieen, aber er biss sich auf die Lippen, bis sie bluteten.

Die harmlosen Sachen nützten längst nichts mehr. Morphium wäre angebracht gewesen. Aber er wollte nicht. Der Oberarzt versuchte, ihn zu überzeugen. Erfolglos. Der Chefarzt redete Klartext mit ihm und sagte, verderben könne man nichts mehr. «Ich weiss», war seine Antwort. Trotzdem wolle er nicht.

Man steckte es hinter seine Familie. Aber das Zureden von Frau und Kindern änderte nichts. Alle waren ratlos. Die Pflegenden vermochten kaum mehr zuzusehen. «Ist er in einer religiösen Gruppe, die es ihm verbietet?», fragten sie. «Nein», sagte seine Frau. «Aber er hat es sich nie leicht gemacht. Bis vor wenigen Jahren betrieb er Extremsport. Senkrechte Bergwände, gefrorene Wasserfälle hinaufklettern und solche Dinge. Das Schicksal herausfordern. Ich glaube, Schmerz und Tod sind etwas Ähnliches für ihn. Eine Herausforderung. Eine Prüfung.»

«Eine Prüfung, die das Schicksal über ihn verhängt?»

«Das auch. Aber vielleicht mehr noch eine Prüfung, in der er das Schicksal prüft – und uns.»

Als es noch schlimmer wurde, fragte man sich, ob man nicht etwas verabreichen sollte, ohne es ihm zu sagen. «Er wird es sofort merken», wandte einer ein. «Dann geben wir eben so viel, dass er es nicht merkt», sagte ein zweiter.

«Das dürfen wir nicht», erklärte die Stationsleiterin. «Es wäre Verrat.»

Erben

Geheiratet haben sie vor knapp fünf Jahren. Er gegen neunzig, vierzig Jahre älter als sie, keine Kinder. Vor drei Jahren hatte er eine Streifung. Seither ist er gehbehindert und lebt im Heim. In einem ebenso komfortablen wie sündhaft teuren.

In den ersten Tagen sperrte er sich mit ganzer Kraft dagegen und machte Terror. Doch bald gefiel es ihm, höflich bedient zu werden, gepflegt zu essen, sich um nichts kümmern zu müssen. Er liess sich sein Zimmer angenehm einrichten, machte den jungen Pflegerinnen Komplimente, war grosszügig mit Trinkgeldern. Er entdeckte den Weinkeller des Hauses, lud seine Besucher zum Essen ein, fuhr mit dem Taxi aus, wenn er Lust dazu hatte. Das alles ging ins Geld. Nicht, dass sein Vermögen nicht gereicht hätte. Aber er brauchte davon. Und wenn er noch zehn Jahre lebte, war die Einbusse am Ende empfindlich.

Kam die Verwandtschaft zu Besuch, machte sie ihm das Leben madig, bedauerte ihn lauthals, deutete Möglichkeiten eines würdigen Abgangs an. Er roch den Braten, grinste und empfing Schwiegermutter, Schwägerinnen und Schwäger nur noch selten.

Seine Frau redete mit dem Arzt des Hauses und fragte, ob er ihren Mann noch für zurechnungsfähig halte. Sie habe Zweifel und denke, er müsste entmündigt werden. Der Arzt lachte auf den Stockzähnen und fand, dazu bestehe keinerlei Anlass.

Wenig später brachte seine Frau ihm die Beitrittserklärung einer Sterbehilfeorganisation. Er schob sie weg und sagte, er gedenke eines natürlichen Todes zu sterben, wie immer der aussehen werde. «Oder bist du etwa ungeduldig?» Für wen er sie halte, antwortete sie entrüstet. Zum Arzt sagte sie, damit es nur klar sei, er wünsche im Fall einer Erkrankung keinerlei lebensverlängernde Massnahmen, und sie sei damit einverstanden.

Seit vorgestern liegt er mit einer gewaltigen Erkältung im Bett. Er konnte es sich nicht verkneifen, an einem schönen Aprilnachmittag auf seinen Balkon zu sitzen, ein Glas Weisswein zu bestellen und eine Zigarre dazu zu rauchen. Am Abend Schüttelfrost und hohes Fieber. Er fühle sich jämmerlich, sagte er zu seiner Frau, aber er glaube, er werde es noch einmal durchstehen.

Vor der Zimmertür passte sie den Arzt ab. «Sie kennen ja seinen ausdrücklichen Wunsch», sagte sie. «Keinerlei lebensverlängernde Massnahmen.»

Sterbebegleitung

Er schrieb sich ‹Jakob M.› vor dem Familiennamen. Auf das ‹M› hinter Jakob legte er grossen Wert. So bestand er darauf, dass es auch auf dem Schildchen an der Tür seines Zimmers nicht ausgelassen wurde. «Es ist mein Sterbezimmer. Also soll es mit vollem Namen angeschrieben sein», sagte er.

Mit dem Sterbezimmer hatte er aller Voraussicht nach Recht. Nach menschlichem Ermessen würde er das Zimmer und das Haus nur noch im Sarg verlassen. Sein Herz war so wackelig, dass die Ärzte ihm kein halbes Jahr mehr gaben.

Ich hatte schon von ihm gehört, ihn aber nie persönlich kennen gelernt. Ein profilierter Kollege, fünfunddreissig Jahre lang Pfarrer in derselben Landgemeinde gewesen, wo schon sein Vater auf der Kanzel gestanden hatte, und wo ihm die Leute zwanzig Jahre nach seiner Pensionierung noch nachtrauerten. «Einen wie den bekommen wir nicht wieder. Jederzeit für jedermann da.» Dazu war er klug, breit gebildet und ein Mann von Grundsätzen.

Einer davon lautete: «Gott lässt uns niemals allein, also dürfen auch wir einander nicht allein lassen.» Nach diesem Grundsatz hatte er sein Amt geführt, und er machte ihn mir gleich beim ersten Besuch klar. «Das Schlimmste ist, wenn man einen Menschen alleine sterben lässt», sagte er im Ton eines strikten Verbots. Dutzende, wenn nicht Hunderte Menschen hatte er im Sterben begleitet; nun erwartete er, dass auch er nicht allein gelassen werde.

Die Familie teilte seine Überzeugung. Seine Frau lebte nicht mehr. Aber die sechs Kinder, ihre Ehepartner, die achtzehn Enkel, deren Frauen, Männer, Freundinnen und Freunde lösten einander fast ohne Unterbruch ab. Als sein Zustand kritischer wurde, schlossen sie die Kette enger. Die Heimleitung liess ein Notbett ins Zimmer stellen, damit die Begleitung sich hinlegen konnte.

Trotz der Warnung des Arztes, haushälterisch mit den Kräften umzugehen, verausgabte sich die Familie schonungslos. «Er soll sich nicht verlassen vorkommen. Und lange kann es ja nicht mehr gehen», hiess die Begründung.

Doch es dauerte. Er ass nicht mehr, er trank kaum mehr; oft dachte man, er habe aufgehört zu atmen, aber er lebte. «Er kann nicht loslassen», sagte eine Schwiegertochter. Der älteste Sohn stellte fest: «Das Herz ist doch stärker, als wir dachten.» Dann hiess es: «Er wartet auf den Enkel aus Argentinien.» Richtig, der neunzehnte Enkel lebte in Argentinien in einer abgelegenen Provinz, und es brauchte Zeit, bis er hier war. Doch als er angekommen war, lebte der Alte weiter. Dann kam die Freundin seines dritten Enkels nieder. «Er will den Urenkel noch sehen», sagten alle. Zehn Tage nach der Geburt wurde der Kleine ans Bett des Urgrossvaters gebracht. Der Alte sah ihn, lächelte, aber starb nicht. Und auch als seine zweite Tochter krank wurde und jedermann dachte, er wolle nur ihre Genesung abwarten, bevor er gehe, änderte sich nichts, nachdem sie wieder gesund war. Er wurde schwach und schwächer, war nur noch Haut und Knochen, aber lebte und lebte, umgeben von seinen Lieben.

Denen ging langsam der Schnauf aus. Doch sie gaben nicht auf. Eines Tages hatte sein ältester Sohn während der Wache einen Schwächeanfall. Ich kam dazu, führte ihn aus dem Zimmer und rief einen Arzt. «Übermüdung», sagte dieser. Als wir das Zimmer wieder betraten, war keine halbe Stunde vergangen. Aber der Alte war tot.

«Das ‹M› hinter dem Jakob war ihm wichtig», sagte ich nach dem ersten Schreck zu seinem Sohn. «Was heisst es eigentlich?»

«Moses. Sein Vater war schliesslich schon Pfarrer, sein Grossvater ebenso. Und nun haben wir ihn doch einsam sterben lassen. Es hätte nicht geschehen dürfen!»

«Jakob Moses», flüsterte ich vor der Zimmertür und dachte an Moses, der allein und ohne Zeugen auf dem Berg Nebo starb, nur mit seinem Gott, welcher ihn dann auch begrub.

Aufgezehrte Ersparnisse

In Zimmer 26 liegt Lilly. Sie ist achtunddreissig. Aufstehen kann sie nicht mehr. Sprechen kann sie auch nicht mehr. Wieviel sie hört, sieht, fühlt und versteht, weiss man nicht. So ist es seit der schweren Hirnblutung vor drei Jahren.

Der Neurologe sagt, das Hirn sei schwerst geschädigt. Er glaubt nicht, dass Lilly noch etwas wahrnimmt. Und er hat durch die Blume geraten, nichts mehr gegen eine allfällige Infektion zu unternehmen, sondern die Patientin in Frieden sterben zu lassen.

Damit stiess er auf den empörten Widerstand von Lillys Mutter. Sie war hell entsetzt, nannte den Rat des Arztes Anstiftung zum Mord und verbot, dass er weiterhin zu ihrer Tochter gelassen werde. Aus Angst, die Tochter könnte mit irgendetwas angesteckt werden, verlangte sie ultimativ, dass jedermann die Hände desinfiziere, ehe er ihr Zimmer betrete, auch der Seelsorger, auch allfällige sonstige Besucher.

Solche gibt es freilich nicht. Lilly hat niemand ausser ihrer Mutter und die Mutter niemand ausser ihrer Tochter. Bis zum Unfall wohnten Mutter und Tochter in einem alten Haus am Rand der Stadt. Sie lebten vom Vermögen; einem Beruf ist die Tochter nie nachgegangen.

Das Personal hat Angst vor Lillys Mutter. Die Leute vom Reinigungsdienst, die in ihren Augen zu wenig gründlich arbeiteten, nennen sie hinter ihrem Rücken «die Hexe». «Eine Hysterikerin», sagte der Hausarzt jüngst zur Stationsleiterin.

Aber sie ist die einzige Angehörige der Patientin. Und es gibt sogar eine Verfügung, von Lilly lange vor der Hirnblutung unterzeichnet, worin festgelegt ist, falls sie nicht entscheidungsfähig sein sollte, sei einzig ihre Mutter berechtigt zu bestimmen, was mit ihr zu geschehen habe. Ein entsprechendes Papier gebe es auch für sie selbst, sagt die Mutter.

In Ausübung dieser Vollmacht hat die Mutter bisher alles strikt abgewehrt, was auch nur entfernt danach aussah, man wolle Lilly sterben lassen. «Meine Tochter darf nicht sterben», heisst ihr meistgebrauchter Satz.

Und so liegt Lilly also seit drei Jahren in Zimmer 26, einem Einerzimmer. Nicht gerade billig, jedenfalls den Beitrag der Versicherung bei weitem übersteigend. Trotzdem wurde immer pünktlich bezahlt. Bis letzten Monat. «Da stimmt etwas nicht», sagte die Buchhalterin und erkundigte sich diskret bei der Gemeinde. Sie erhielt die Auskunft, das Haus der zwei Frauen sei bis unters Dach belastet, weiteres Vermögen nicht mehr vorhanden.

Gestern hatte Lilly Fieber. Die Mutter merkte es sofort und setzte Himmel und Hölle in Bewegung. Alles Erdenkliche musste unternommen werden. «Denn», sagte sie in heller Aufregung, «meine Lilly darf nicht sterben!»

Erfahrungen einer alten Pfarrerin

Sie ist jetzt dreiundneunzig, zwar fast blind und im Rollstuhl, aber ganz klar im Kopf. Als sie studierte, gab es nur wenige Frauen an der Universität. Und in der reformierten Landeskirche konnten Frauen noch lange kein selbständiges Pfarramt übernehmen. Sie wurde «Pfarrhelferin» genannt, was nicht viel anderes als Handlangerin der Herren Pfarrer hiess. Im Morgengottesdienst predigen durfte sie nicht, nur in den Abendandachten. Dafür übertrug man ihr das Soziale. So kam sie viel in die Häuser, zu Familien und Einsamen. Das Quartier war keines der bessern, im Gegenteil. «Man sah oft eine unglaubliche Armut. Am schlimmsten war es bei den Alten. Da traf man Leute, die kaum zu essen hatten und sich jahraus, jahrein von Kaffee und Kartoffeln ernährten. Es gab eben noch keine AHV.»

Da sie nicht mehr lesen kann, hört sie viel Radio. Neulich eine Diskussion unter Experten über Sterbehilfe. Die fanden, durch die verbesserten medizinischen Möglichkeiten und die daraus resultierende Lebensverlängerung liege der Entscheid über den Tod immer stärker in den Händen der Menschen.

«Ach wissen Sie», sagt sie am Tag darauf, «so neu ist das nun auch wieder nicht. Umbringen konnte sich unsereins schliesslich schon immer. Weiterleben setzt doch eigentlich jederzeit unsern Entscheid gegen den Tod voraus. Hatten Sie keine Suizidregungen, als Sie um die zwanzig waren? Ich schon. Damals kam mir das Leben mehr als einmal sinnlos vor. Und wieviel brauchte es erst, um als alter Mensch weiter zu leben, wenn man nicht wusste, wovon? Ich jedenfalls habe manchen Todesfall erlebt, der bei genauerem Hinsehen das war, was man damals noch brutal einen Selbstmord nannte.»

«Das Neue ist doch aber, dass heute oft andere darüber entscheiden müssen, ob ein Leben weitergehen soll oder nicht. Wo liegt die Grenze zum Mord?»

«Auch das ist mir nicht so selten begegnet.»

«Ihnen?»

«Was glauben Sie denn, wie häufig Angehörige nachhalfen, die nicht mehr aus und ein wussten! Man deckte den Schwerkranken ab und öffnete trotz der Kälte das Fenster, bis er Lungenentzündung bekam. Dann kam der Doktor, hatte so seine Vermutung, sah jedoch das Elend und stellte ohne weitere Fragen den Totenschein aus. Zudem waren die Untersuchungen damals ja auch noch nicht so präzis wie heute. Nicht, dass ich Mord etwa gut hiesse, bewahre! Aber wir wollen uns doch keine Illusionen über die Vergangenheit machen, nicht wahr. Und auch nicht über die Gegenwart.»

Der Lebenslauf

Ich kannte die Diagnose: Bauchspeicheldrüsenkrebs. Ich kannte ihr Alter: sechsundfünfzig. Ich kannte ihre Nichte; sie hatte mich angerufen und mir von der Krankheit erzählt und davon, dass eine seltsame Veränderung mit der Tante vorgegangen sei. Die Patientin selber kannte ich nicht.

Die Tante war das, was man eine Dame der bessern Gesellschaft nennt. Wohlhabend, glücklich verheiratet, erfolgreicher Mann, unproblematische Kinder, kulturell interessiert, sozial engagiert, lebensfroh, weltzugewandt, alles tadellos.

Und nun das. Die Kranke wolle ihren Mann nicht sehen, ebenso wenig Kinder und sonstige Verwandte. Man wisse nicht mehr, was tun. Ob ich nicht einmal bei ihr vorbeigehen könne. Ich versprach es und machte mich auf einen sehr tristen Besuch gefasst. Abgrundtiefe Depression, alles schwarz, leerer Blick gegen die weisse Wand, keine Antwort auf Fragen.

Die ich antraf, war ganz anders. Entschlossen, kämpferisch, beinahe fröhlich, sehr lebendig und nichts von Depression und Schwarzseherei.

«Ja, es ist ein Kampf», sagte sie. «Ja, er ist hart. Eben ein Kampf auf Leben und Tod, mit sehr ungleich langen Spiessen. Die Chancen, dass ich ihn gewinne, sind minim, das weiss ich. Darum kann ich Mann und Familie gegenwärtig nicht brauchen. Sie wissen nicht, wie man von solchen Dingen redet. Sie tun krampfhaft so, als sei ich auf dem Weg der Besserung, dabei sind sie selber hoffnungslos. Das ist nicht, was mir jetzt hilft.»

Ich sass neben ihrem Bett und suchte nach Worten. Sie wartete nicht, bis ich sie gefunden hatte.

«Mein Leben war wie aus dem Bilderbuch. Nie eine ernsthafte Komplikation. Immer schön geradeaus, alles fiel mir in den Schoss. In den letzten Jahren dachte ich manchmal, der Pfarrer, der einmal den Lebenslauf für mein Begräbnis schreiben müsse, werde in Verlegenheit kommen; es gab ja nichts zu erzählen. Nichts Ernsthaftes, meine ich.

Bis die Krankheit kam. Ich war nicht froh darüber, überhaupt nicht; ich erschrak gewaltig. Aber trotzdem – Sie werden mich für verrückt halten –, trotzdem, ich wage es fast nicht zu sagen, trotzdem bin ich auf eine Art dankbar dafür. Endlich ist Spannung in der Sache. Und die, die lasse ich mir nicht ausreden. Weder von den Ärzten, noch von den Pflegenden und schon gar nicht von meiner Familie – übrigens auch nicht von Ihnen. Ich bin sechsundfünfzig und keineswegs gewillt, klein beizugeben. Ich kämpfe um mein Leben, und zwar mit allen Mitteln. So habe ich es mit den Ärzten vereinbart. Endlich ist das Leben ein Kampf, und dem soll ich brav ausweichen? Das tue ich nicht. Schon darum nicht, damit Sie, wenn es so weit ist, in meinem Lebenslauf etwas zu erzählen haben.»

Und dann sagte sie noch: «Wissen Sie, was mich am meisten erstaunt? Ihr Gott war immer ein ferner, braver Mann für mich; wir lebten in Frieden nebeneinander her und hatten nicht viel miteinander zu tun. Das ist nun ganz anders. Ich habe Streit mit ihm, einen richtigen schweren Streit. Und er war mir nie so nahe wie jetzt.»

Das Recht zu sterben

Unsere Nachbarin war eine sehr eigenwillige alte Dame. Als sogenannte höhere Tochter geboren, sollte sie in Watte gepackt werden, liess es aber nicht mit sich machen. Sie lernte Krankenschwester, reiste verbotenerweise nach Spanien, um sich im Bürgerkrieg der republikanischen Seite als Ambulanzfahrerin zur Verfügung zu stellen, entkam bei der Rückkehr nur knapp einer Gefängnisstrafe, studierte Rechtswissenschaft, lehnte den gutbetuchten Mann ab, den die Familie für sie ausgesucht hatte, und zog einen Abenteurer vor, wanderte mit diesem nach Afrika aus, wurde deswegen von der Familie verstossen, gebar in Kenya kurz hintereinander drei Kinder, kehrte als Witwe zurück, pflegte ihre alten Eltern, arbeitete daneben als Anwältin und war als solche bald gefürchtet, hatte mancherlei Freunde, ohne sich ein zweites Mal fest zu binden, rauchte ihr Leben lang ägyptische Zigaretten, trank mit Vorliebe alten Scotch und fuhr einen fünfzigjährigen Jaguar mit Speichenfelgen, bis sie damit einen Laternenpfahl rammte und den Fahrausweis abgeben musste.

Die Kinder waren längst ausgeflogen, die ältere Tochter in Singapur mit einem reichen Chinesen verheiratet, die jüngere mit ihrer Freundin zurück auf der Farm in Kenya, der Sohn züchtete Schlittenhunde in Alaska und fuhr internationale Segelregatten. Nach dem Tod der Eltern lebte sie mit Martha, der Haushälterin, allein in dem grossen Haus. Vor drei Jahren war Martha gestorben. Seither wechselten die Angestellten wie das Wetter im April. «Ich finde keine mehr wie meine Martha», klagte sie.

Als sie Beschwerden bekam, eröffnete ihr der alte Hausarzt, er vermute einen Darmkrebs. Tags darauf entliess sie die letzte Haushalthilfe, nicht ohne sie fürstlich zu entlöhnen. Dann schloss sie sämtliche Fensterläden des Hauses und wurde nicht mehr gesehen. Der Postbote sagte besorgt zu einer Nachbarin, der Briefkasten werde nicht geleert. Die

Nachbarin kam zu uns herüber und fragte, was wohl zu tun sei.

«Vielleicht liegt sie seit Tagen tot im Bett», sagte ich.

«Vielleicht aber liegt sie gelähmt im Badezimmer», sagte die Nachbarin.

Wir gingen hinüber und läuteten. Keine Antwort. Wir läuteten ein zweites Mal. Wieder keine Antwort. Beim dritten Mal liess ich den Daumen auf dem Klingelknopf. Da wurde über unsern Köpfen im ersten Stock hinter dem geschlossenen Laden das Fenster geöffnet und ihre tiefe, heisere Stimme krächzte: «Lasst mich endlich in Ruhe. Ich bin am Sterben!»

Wir schauten einander an.

«Darf man das einfach so geschehen lassen?», fragte die Nachbarin.

Meine Frau und ich zuckten ratlos die Schultern.

Unfall

Es war in der Nacht vom Freitag auf den Samstag, kurz vor zwei Uhr. Wir fuhren von einer Einladung bei Freunden auf dem Land nach Hause, neben mir meine Frau, auf den Rücksitzen Max und Dorothee, unsere Freunde. Die Landstrasse war kurvig und unübersichtlich, dazu hatte es kurz vorher heftig geregnet. Plötzlich ein winkendes Licht am Strassenrand. Ich hielt an. Ein Mann, der eine Taschenlampe schwenkte. Ich liess die Scheibe herunter.

«Da vorn ist ein Unfall passiert. Sie sind nicht zufällig Arzt? Die Ambulanz ist noch nicht hier.»

«Mein Freund ist Arzt; ich bin Pfarrer», antwortete ich.

«Dann kommen Sie doch bitte beide mit.»

Wir stiegen aus. Meine Frau würde den Wagen richtig parkieren und mit der Freundin auf uns warten. Max und ich folgten dem Mann.

Es war ein grauenhafter Anblick; ich werde ihn mein Lebtag nicht vergessen. Zwei junge Männer, sicher noch nicht zwanzig. Sie hatten die Kurve geschnitten und waren mit ihrem schweren Motorrad frontal in einen korrekt entgegenkommenden Lieferwagen gerast. Dort stand der Lieferwagen. Der Fahrer stand daneben und hielt die Hände vors Gesicht. Da lagen die beiden Männer. Sie hatten keine Helme getragen. Ihre Köpfe – nun ja. Mir zog es für einen Augenblick den Boden unter den Füssen weg. Als ich wieder bei mir war, hörte ich Max sagen: «Beide leben noch. Aber ich glaube kaum, dass sie den Transport ins Spital überstehen.»

Dann kam die Ambulanz. Max sprach mit dem begleitenden Arzt. Die zwei Schwerverletzten wurden versorgt, auf Tragen gelegt und in den Wagen geschoben.

«Sie tun für die beiden alles, was sie können», sagte Max, als die Ambulanz weggefahren war.

«Werden sie überleben?», fragte ich.

«Ich hoffe, dass sie sterben. Ich hoffe es für sie», sagte Max. «Sie wären für immer aufs Schwerste behindert.»

«Hätte man sie nicht gescheiter hier sterben lassen?», fragte ich.

«Dürfen wir das?», fragte Max zurück.

Ihr Mann

Ihr Mann liegt nach einer schweren Hirnblutung auf der Pflegeabteilung, seit zwei Jahren schon. «Wie ein Stück Holz», sagen seine ehemaligen Kollegen, wenn sie ihn hie und da besuchen. Sie kommen nicht mehr oft. «Es hat ja doch keinen Sinn; er merkt es nicht mehr», sagen sie. Und: «Wir kommen eigentlich nur noch aus Mitleid mit seiner Frau.»

Bewegen kann er sich nicht, sprechen auch nicht. Dass er nichts sieht, ist den Ärzten klar. Auch sind sie sich ziemlich sicher, dass er nichts hört. «Und sollte er noch etwas hören, so versteht er es nicht», sagen sie.

«Aber vielleicht die Melodie der Stimme, den Rhythmus der Worte?», frage ich.

«Das glaube ich nicht», sagt der Neurologe.

Seine Frau ist ganz anderer Meinung. Sie besucht ihn jeden Tag. Wenn sie das Zimmer betritt, ruft sie: «Grüss dich, mein Schatz!» Sie fragt, wie er geschlafen habe und ist sicher, dass er ihr Antwort gibt. «Sehen Sie, wie sich sein Gesicht verändert?», sagt sie. «Das heisst: Ich habe gut geschlafen.»

Dann erzählt sie ihrem Mann, was sie gestern noch und was sie heute schon erlebt hat. Sie berichtet auch vom Umbau des Spitals, dass er nun bald fertig sei. Mit ihm zusammen, wie sie sagt, öffnet sie die Post und liest ihm alle Briefe vor. Auch das Wichtigste aus der Zeitung liest sie ihm vor. «Er muss doch wissen, was sich in der Welt tut. Sehen Sie, er ist besorgt über die Verhältnisse im Vordern Orient. Wir alle machen uns Sorgen darüber, mein Schatz.»

«Sie hört nicht auf das, was wir sagen. Sie dreht uns die Worte im Mund um, so dass alles Wasser auf ihre Mühle ist. Könnten Sie nicht versuchen, ihr schonend beizubringen, dass es vollkommen hoffnungslos ist?», sagt die Oberärztin zu mir.

Ich mache einen zögerlichen Versuch. Sie schaut mich an, dann geht ein mitleidiges Lächeln über ihr Gesicht. «Mein

Hermann und ich, wir wissen genau, wie es ist. Sehen Sie, er nickt. Nicht wahr, mein Schatz, du und ich, wir halten das schon durch. Wir wissen, dass es besser wird. Langsam, in kleinen Schritten. Es braucht viel Geduld, aber es wird besser, und eines Tages, ja eines Tages, da wird es wieder sein wie früher.» Sie drückt ihm die Hand. Läuft jetzt nicht doch so etwas wie eine Regung über sein Gesicht?

«Was tun wir, wenn er, sagen wir, eine Grippe bekommt, den Anflug einer Lungenentzündung? Was tun wir dann?», fragt mich die Oberärztin, als ich ihr von meinem fehlgeschlagenen Versuch berichte.

Morphium

Meine Mutter starb an Krebs. Metastasen auf der Lunge, herrührend von einem Brustkrebs, der Jahre vorher operiert worden war. Die Chemotherapie nützte nichts. Sie wusste, dass sie sterben würde und war dennoch weder traurig noch verzweifelt, sondern sehr getrost. Sie werde zu ihrem Mann gehen, und darauf freue sie sich, sagte sie. Wir Kinder und Schwiegerkinder waren froh darüber, das Personal des Altersheims auch. Ihre Haltung machte uns allen den Abschied leichter.

In den letzten Tagen kamen die Schmerzen und die Atembeschwerden. Wir fürchteten, es könnte ein Kampf und eine Quälerei werden. Meine Mutter hatte sich immer gegen Morphium gesperrt; auch jetzt wollte sie nichts davon wissen. Wir aber fanden, nun brauche sie es.

Die Pflegenden reagierten zurückhaltend. Man möchte nichts gegen den Willen der Patientin tun, sagten sie. Als ich darauf bestand, schaute die Stationsleiterin mich an und fragte: «Ist es wegen Ihrer Mutter oder weil Sie es nicht mehr aushalten?»

Sie gaben stillschweigend das Morphium und meine Mutter starb leicht benebelt, ruhig und ohne Kampf. Aber ich muss zugeben, dass ich mir seither manchmal die Frage stelle, ob ich nicht ein Feigling gewesen sei.

Gebundene Hände

Seine Kinder wussten es, seine Freundin wusste es auch, und sein Hausarzt hatte es sogar schriftlich: Falls er jemals, etwa durch einen Schlaganfall, in seiner Selbständigkeit eingeschränkt sein sollte, werde er die Sterbehilfeorganisation rufen. Mitglied war er schon lange. Mit den alltäglichsten Dingen nicht mehr allein zurechtzukommen, fand er unerträglich.

Es gab keinen Grund zu Beunruhigung. Er war in den besten Jahren, gesund, erfolgreich, glücklich. Er hätte überhaupt keine Veranlassung gehabt, sich Sorgen um seine Gesundheit zu machen, hätte nicht sein Vater seinerzeit nach einem Schlaganfall jahrelang in einem Pflegeheim gelegen.

Als wolle das Schicksal sich wiederholen, traf ihn ohne die geringste Vorwarnung eines Nachts zwischen zwei und drei der Schlag. Er vermochte noch die Freundin anzurufen; als man ihn fand, konnte er das linke Bein und den linken Arm überhaupt nicht mehr bewegen.

«Wird es wieder werden?», fragte er den Arzt.

«Das kann ich jetzt noch nicht sagen», antwortete dieser, «für eine zuverlässige Prognose ist es zu früh.»

Er beobachtete sich genau. Als die Fortschritte auch in der Rehabilitation nur minim waren, rief er die Sterbehilfeorganisation an. Wenige Tage darauf sprach der Sterbehelfer bei ihm vor. Dem schilderte er seine Lage; der Sterbehelfer erklärte ihm, wie man vorgehen werde. Unerlässlich sei, dass er das Medikament selber einnehmen könne. Der Zeitpunkt wurde vereinbart.

Seine Kinder hatten es schon geahnt und widersprachen nicht. Seine Freundin suchte Argumente dagegen und vergoss Tränen, als er bei seinem Entschluss blieb. Die Klinikleitung zuckte bedauernd, aber verständnisvoll die Achseln, hielt aber fest, dass es nicht in ihren Räumen geschehen dürfe. Nein, sagte er, er werde dafür nach Hause fahren. Er liess seinen Anwalt kommen, nahm am Testament ein paar Änderungen vor und bestimmte den Vollstrecker. Er verfügte Kremation, dann Beisetzung der Urne im Familiengrab. Schliesslich bat er den Pfarrer zu sich, den er aus dem Rotary Club kannte, und fragte ihn, ob er am Grab einige Worte sagen werde. Der Pfarrer und Clubkamerad versprach es.

Er war erleichtert und nahm beinahe ausgelassen Abschied von der Klinik. Daheim sagte er seinen Kindern Lebewohl; nur seine Freundin sollte dabei sein, wenn es so weit war. Am Freitag um zehn sollte der Sterbehelfer kommen.

Am Freitag erwartete die Freundin den Sterbehelfer an der Haustür. In den frühen Morgenstunden war eine Veränderung eingetreten. Ein zweiter Schlaganfall, viel schwerer als der erste, rechtsseitige Lähmung, Sprachverlust, zunehmende Bewusstlosigkeit.

«Was können wir für ihn tun?», fragte die Freundin. «Wir müssen etwas für ihn tun.»

«Ich bedaure sehr, aber mir sind die Hände gebunden. Er müsste es sich selbst eingeben können», sagte der Sterbehelfer.

Todesverdrängung

Man durfte nicht sagen, dass es ein Pflegeheim war. Er nannte es ein Kurhaus. Das Wort ‹Tod› war in seiner Gegenwart zu meiden. Sprach es trotzdem einmal jemand aus, überhörte er es. Als die Frau im Nachbarzimmer starb, weigerte er sich, an der kleinen Feier im Speisesaal teilzunehmen. Vom Heimseelsorger besucht werden wollte er nicht. «Die sind wie die Raben, Totenvögel», sagte er.

Eines Tages, während er aus dem Fenster schaute, wurde durch den Lieferanteneingang ein Sarg aus dem Haus getragen. Darauf veranlasste er eine Besucherin, sich bei der Heimleitung zu beschweren. Solches könne man den Bewohnern nicht zumuten. Er nahm auch Anstoss an der Kerze, die vor dem Zimmer eines verstorbenen Mitbewohners angezündet wurde. Da sein Protest nichts nützte, übersah er sie geflissentlich.

Sein eigener Zustand wurde nicht besser, im Gegenteil. Er hatte nicht mehr lange zu leben, darüber waren sich die Ärzte im Klaren. Er aber tat, als ahne er nichts davon. Die Anzeichen der Verschlechterung bagatellisierte er. Sogar die zunehmenden Schmerzen wollte er nicht wahrhaben.

«Er lebt in einer Scheinwelt», sagten seine Freunde zueinander. «Und wir spielen das Theater brav mit.»

«Man sollte ihm doch endlich klaren Wein einschenken. Könnten nicht Sie das tun?», wurde der Arzt gefragt.

«Aber er will ja nicht», antwortete dieser.

«Ob wir so durchkommen?», fragte die Stationsleiterin. «Ich erinnere mich an einen Fall, da bekamen wir die grössten Vorwürfe, als das Ende offensichtlich vor der Tür stand.»

«Und ich erinnere mich an einen Fall», erwiderte der Arzt, «da haben wir Theater gespielt bis zuletzt. Am Schluss liess sich die Dame ein Abendkleid anziehen, behauptete, sie gehe zu einer Einladung und starb in Frieden.»

«Sie meinen nicht, dass wir den Leuten die Wahrheit schuldig sind?», fragten die Freunde.

«Was ist die Wahrheit!», sagte der Arzt.

Lebensverlängerung

Eigensinnig ist sie, solange ich sie kenne. Gegen die Opposition ihrer Eltern heiratete sie einen Handwerker. Als das erste Kind kam, gab sie ihre Stelle als Gymnasiallehrerin auf. Ein halbes Dutzend wünschte sie sich, und ein halbes Dutzend wurde es dann auch. Daneben war sie die Seele des Geschäfts und führte die Buchhaltung. Alle in der Bude nannten sie den Chef.

Dabei zählte nicht nur die Arbeit für sie. Das sah man schon, wenn man ihre Wohnung betrat. Sie hatte Freude an Schönem, Freude am Leben überhaupt. Wer hätte Gäste festlicher bewirten können als sie und ihr Mann? Und an der Chilbi gehörten sie jedes Jahr zu den letzten, die vom Tanzplatz gingen.

Ich traf sie auf der Strasse; es ist Monate her.

«Wie geht es dir?» Was für eine Antwort erwartete ich darauf? Sicher nicht die, die kam:

«Danke für die Nachfrage. Ich habe Krebs.»

Ich wusste nicht, was ich darauf sagen sollte. Sie nahm mir die Verlegenheit ab.

«Brustkrebs. Vor vier Monaten bei einer Routineuntersuchung festgestellt.»

«Operiert?» Ich kenne eine ganze Reihe von Frauen, die wegen Brustkrebs operiert sind.

«Nein.»

«Dann also Bestrahlung.»

«Auch nicht.»

Ich kenne auch einige, die zu Geistheilern, Kräuterdoktoren, Kurpfuschern laufen. Sie auch?

«Was dann?»

«Nichts.»

«Nichts?» Ich muss sie völlig entgeistert angesehen haben.

«Ja. Nichts», sagte sie, und es war daraus kein Zorn, keine Erbitterung, kein Hader, keine Verkrampfung zu hören.

«Einfach nichts? Aber – wie alt bist du?»

«Neunundfünfzig.»

Ich schluckte.

«Du meinst, das sei kein Alter», sagte sie. «Die einen sterben mit neun, die andern mit neunzig. Es ist wahrscheinlich nie das richtige Alter.»

Und dann erzählte sie mir, dass die Diagnose sie getroffen habe wie ein Blitz aus heiterem Himmel. Dass sie eine Woche lang geheult, gehadert, gestritten, abgewogen und dann entschieden habe: keine Therapie.

Ihr Mann brauchte länger, bis er zustimmen konnte.

«Das grenzt an Selbstmord», sagte der Gynäkologe. Er verübelte ihr den Entscheid, als misstraue sie seiner Kompetenz. Zwei ihrer Töchter bestürmten sie, etwas zu unternehmen. Sie schleppten Literatur an, mobilisierten Bekannte. Ihre Freundinnen versuchten, sie umzustimmen. Verwandte nannten ihre Haltung verantwortungslos, eine brauchte sogar das Wort «selbstsüchtig», sie solle doch auch an den Mann und die Familie denken. Der Gynäkologe wollte sie zu einem Psychiater schicken, damit er sie gegen Depression behandle. Sie lehnte ab. «Das ist keine Depression. Ich wusste immer, dass das Leben endlich ist, und ich will dem Tod in die Augen sehen. Er soll mich nicht von hinten erschiessen», sagte sie.

Der Sinn des Lebens

«Was hat das noch für einen Sinn!» Es war eher eine Feststellung als eine Frage, und zwar mit Ausrufezeichen: «Es hat keinen Sinn mehr!»

Sie meinte ihr Leben. Sie war zweiundsiebzig, viel zu jung für das Heim. Das Eintrittsalter lag im Durchschnitt bei sechsundachtzig. Aber nachdem ihr Mann sie wegen einer Jüngern verlassen hatte, hatte sie sich aufgegeben, hatte zu trinken begonnen, war schliesslich völlig zusammengebrochen. In das Haus in der Toscana würde sie nicht mehr zurückkehren können. Die Kinder rieten ihr, es zu verkaufen.

«Das ist mein Leben», sagte sie. «Das Haus, die Bilder, die Küche, der Garten, die Landschaft, das war mein Leben. Soll ich mein Leben aufgeben? Dann könnt ihr mich gleich begraben.»

Früher hatte sie viel gelesen; jetzt interessierte sie nicht einmal die Zeitung. Der Garten war ihr Paradies gewesen; nun schaute sie keine Blume an. Sie hatte selbst exzellent gekocht; alles schmecke hier, als sei es Karton, sagte sie. Wie ein müder Vogel liess sie die Flügel hängen. «Was hat das noch für einen Sinn!», klagte sie ein übers andere Mal. «Ich mag nicht mehr.»

Der Arzt beteuerte, sie habe doch noch einen guten Teil des Lebens vor sich. Sie schaute ihn an und sagte: «Was hat das noch für einen Sinn!»

Die Heimleiterin sagte zu ihr, sie solle doch auch an ihre Kinder denken. Sie antwortete: «Was hat das noch für einen Sinn!»

Der Heimseelsorger versicherte ihr, es würden sich bestimmt neue Lebenschancen öffnen. Sie sagte: «Was hätte das noch für einen Sinn!»

«Ich glaube, so hat es wirklich keinen Sinn mehr», sagte auf dem Korridor der Arzt zur Stationsleiterin.

«Man kann es ja verstehen. Was hat ein Leben mit einer solchen Depression für einen Sinn?», sagte die Stationsleiterin zum Heimseelsorger.

Dieser antwortete sibyllinisch: «Man sollte nie sagen, ein Leben habe keinen Sinn. Aber ich begreife die Frage.»

Man kam überein, nicht mit grossem Geschütz aufzufahren, falls sie die Erkältung bekomme, die gerade im Hause umging. Und wenn daraus eine Lungenentzündung werden sollte, wolle man auf Antibiotika verzichten.

Sie bekam die Erkältung. Sie wehrte sich mit allen Kräften dagegen, und da der Arzt es sah, verordnete er starke Medikamente. Dennoch bekam sie auch die Lungenentzündung. Sie stritt drei Tage lang so gut sie konnte mit dem Tod. Dann rief sie laut: «Hilfe!» und starb.

«Ist Ihnen aufgefallen, dass sie nicht mehr nach dem Sinn fragte, seit sie krank war?», sagte der Arzt zum Seelsorger auf dem Korridor vor ihrer Zimmertür.

Wie die Kinder

Er war ein grosses Tier gewesen. Mediziner, Professor, Klinikchef, Operateur, Forscher. «Eine internationale Kapazität», sagte gestern sein Nachfolger, der sein Schüler gewesen war, und der ihn jeden Monat einmal besucht. «Haarscharf am Nobelpreis vorbei.»

Jetzt sass er im Rollstuhl und kannte niemanden mehr, weder seine Frau noch seine Kinder und Enkel noch seinen Nachfolger oder die Leute, die ihn pflegten. Er hatte seinen eigenen Namen vergessen, konnte keinen ganzen Satz mehr sprechen, wusste nicht, was die Wörter bedeuteten. Er spielte den lieben langen Tag mit einem braunen Teddybär. Ging es ihm gut, lächelte er dazu ins Leere, ging es ihm schlecht, warf er ihn weg und schrie nach seiner Mutter, dass das ganze Haus es hörte.

«Er ist nur noch die Karikatur seiner selbst», sagte sein Nachfolger.

Ich konnte es ihm nachfühlen. Da war der beeindruckende Kopf mit dem weissen Haar, der scharfen Nase und dem entschlossenen Mund. Von dem Mann war zweifellos Autorität ausgegangen; die Spuren waren immer noch zu sehen. Doch der Mund stand halb offen und aus dem Mundwinkel lief ein Speichelfaden übers Kinn. Die Augen irrten umher wie aufgescheuchte Vögel und fanden nirgends einen Halt. Und die Finger, deren Virtuosität unzähligen Patienten das Leben gerettet hatte, kraulten sinnlos im Plüschfell des Spielzeugbärs.

«Ich weiss, dass man es nicht sollte. Aber manchmal denke ich eben doch, man müsste etwas tun können», seufzte der Nachfolger. «Es ist so entwürdigend.»

«Ja, entwürdigend,» sagte ich. An der Tür drückten wir einander die Hand.

Ich ging in mein Büro. Ich musste die Predigt für den nächsten Gottesdienst schreiben. Worüber, war mir noch nicht klar. Die Bibel lag auf dem Schreibtisch. Ich schlug auf, wo es gerade kam, und las. Matthäusevangelium, Kapitel 18: «In jener Stunde traten die Jünger zu Jesus und sagten: Wer ist wohl der Grösste im Reich der Himmel? Und er rief ein Kind herbei, stellte es mitten unter sie und sprach: Wahrlich, ich sage euch: Wenn ihr nicht umkehrt und werdet wie die Kinder, so werdet ihr nicht ins Reich der Himmel kommen.»

Entwürdigend, ein Kind zu sein?, fragte ich mich plötzlich.

Oberschenkelhalsbruch

Sie weiss nicht mehr, wie alt sie ist. Sie weiss auch nicht mehr, wie sie heisst und dass sie verheiratet war. Sie kennt ihre Kinder und Enkel nicht mehr, und wenn sie in einem unbeaufsichtigten Augenblick das Haus verlässt, findet sie den Heimweg nicht.

Zwar kommt sie nicht mehr ohne Hilfe ins Bett und aus dem Bett, sie muss gewaschen und das Essen muss ihr teilweise eingegeben werden, einen zusammenhängenden Satz vermag sie nicht mehr zu sprechen, aber gehen kann sie noch. Sie braucht keinen Stock und auch keinen Rollator. In kleinen, eiligen Schritten schnurrt sie im Haus herum, besorgt, suchend, ängstlich das Gesicht. Hie und da bringt man sie dazu, sich zu setzen, etwa in einen der Polstersessel im Entrée. Dann schläft sie augenblicklich ein, aber nur für ein Weilchen. Kaum erwacht, will sie, dass man ihr aufstehen hilft, und der ziellose Rundgang beginnt von neuem.

Das rechte Bein zieht sie ein wenig nach. Das gab manchen Mitbewohnern des Heims auf die Nerven, solange sie die hübschen Hausschuhe trug, die sie von daheim mitgebracht hatte. Der rechte Absatz klapperte durch die Korridore wie Kastagnettenspiel; es drang in alle Zimmer, ringhörig, wie das Haus ist. Seit weiche Pantöffelchen für sie besorgt worden sind, hört man nichts mehr von ihr und das Ärgernis ist weg.

Vielleicht hängt es sogar mit diesen Pantöffelchen zusammen. Letzte Woche ist sie auf einer ihrer täglichen Endlosschlaufen gestolpert und gestürzt. Die Pflegenden, die herbeieilten und sie aufhoben, schaute sie verwundert an. Als sie sie auf die Beine stellen wollten, stöhnte sie.

«Ich tippe auf Oberschenkelhalsbruch», sagte der Hausarzt. «Muss geröntgt werden.»

«Ist das wirklich nötig?», fragte ihr Sohn.

«Wenn sie wieder gehen können soll.»

«Wird sie das können?», fragte die Schwiegertochter.

«Wir hoffen es», antwortete der Arzt.

Die Ambulanz wurde bestellt. Die Patientin wurde auf die Bahre gebettet und ins Spital gefahren. Sohn und Schwiegertochter begleiteten sie. In dem alten Gesicht stand ratlose Furcht. Aus ihrem Mund war zweimal das Wort ‹Spital› zu hören.

«Oberschenkelhalsbruch wie erwartet», sagte der Radiologe. Und der Chirurg sagte: «Eine Operation ist unumgänglich.»

«Wirklich?», fragte der Sohn.

«Wir können die Frau doch nicht einfach liegen lassen.»

«Was geschähe dann?»

«Sie würde innert kurzem eine Lungenentzündung bekommen und sterben.»

«Du willst doch das Beste für deine Mutter», sagte seine Frau.

Er blickte sie an. «Wenn ich nur wüsste, was das Beste ist.»

Freie Fahrt

Er war erst sechzig, als es ihn erwischte: Schlaganfall, rechtsseitige Lähmung, Sprachverlust. In der Rehabilitation tat man alles – mit minimalem Erfolg. Gehen war unmöglich, die rechte Hand begann sich zu verbiegen, und sprechen konnte er bloss ein paar schwer verständliche Worte. Der Eintritt ins Pflegeheim war unumgänglich.

Trotz alledem dachte er nicht daran, sich aufzugeben. Kaum im Haus, organisierte er sein neues Leben. Und da er in einem technischen Beruf tätig gewesen war, hatte er präzise Vorstellungen von dem, was er brauchte. Neben andern Hilfsmitteln wollte er unbedingt einen motorisierten Rollstuhl haben, um selbständig ausfahren zu können.

«Ist das nicht zu gefährlich?», fragte die Pflegedienstleiterin.

«Was er im Kopf hat, setzt er auch durch», antwortete seine Frau aus Erfahrung.

So war es. Er gab nicht nach, bis das Gefährt vor ihm stand. Er liess sich hineinsetzen und machte eine erste Probefahrt. Fortan kurvte er damit in Haus und Park herum. Bald genügte ihm das nicht mehr; er unternahm in seinem Wagen Fahrten ins Quartier und in die Stadt. Und baute prompt einen Unfall. Es war nichts Schlimmes, ein kleiner Zusammenstoss mit einem Auto. Dieses trug ein paar Kratzer im Lack davon, er einige Schrammen im Gesicht und an den Armen.

«Wie kann man einen Menschen in diesem Zustand allein auf die Strasse lassen!», brummte mit vorwurfsvollem Unterton der Polizist, der ihn ins Heim zurückbrachte.

«Wir können ihn schliesslich nicht einsperren», antwortete die Pflegedienstleiterin.

«Wie ich ihn kenne, wird er wieder ausfahren», seufzte seine Frau.

Mit Verbänden an Kopf und Armen blickte er aus dem Bett zu ihr empor und lachte und nickte.

Die Diva

Sie war einst eine richtige Schönheit gewesen mit dem vollen schwarzen Haar, dem schmalen Gesicht, der makellosen Figur. In den Konzertsälen hatte das Publikum ihr zu Füssen gelegen, wenn sie Bach, Mozart oder Beethoven gespielt hatte. Dann hatte sie einen Mann aus einer reichen, alten Familie geheiratet und fortan auf öffentliche Auftritte verzichtet. Sie hatte als eine der vornehmsten Erscheinungen der grossen Gesellschaft gegolten.

Jetzt war sie schwer dement, wusste nicht mehr, wer sie war und wo sie war, musste wie ein Kleinkind gefüttert und gewickelt werden und redete, wenn überhaupt, wirres, unzusammenhängendes Zeug. Sie war unförmig geworden, das Haar grau und schütter, zerfallen das Gesicht. Gehen konnte sie kaum noch.

In den ersten Wochen hatten die Besucher sich die Türklinke in die Hand gegeben, und im Zimmer hatten fortwährend neue Blumen gestanden. Damit war es seit langem vorbei. Die letzten Verwandten, ein Paar mittleren Alters, das sehr vornehm tat, hatte beim Verlassen des Zimmers jedesmal laut über die Würdelosigkeit des Alters geklagt, die es nicht mehr mitansehen könne, und war schliesslich auch weggeblieben.

Ihr Anwalt und Vermögensverwalter, selber ein älterer Herr, tat, als sehe und merke er nichts von allen Veränderungen. «Wie geht es Ihnen? Gut, wie ich sehe. Ausgezeichnet. Freut mich, freut mich wirklich.» Die geschäftlichen Fragen, die er ihr vorlegte, beantwortete er gleich selber. Die Pflegenden sagten: «Es wäre zum Lachen, wenn es nicht zum Heulen wäre.» Kam er aus dem Zimmer, schüttelte er den Kopf und murmelte: «Verblödet, total verblödet!»

Ganz anders hingegen ihr altes italienisches Diener-Ehepaar; sie war die Köchin gewesen, er der Chauffeur und Gärtner. Immer noch war sie für die beiden die ‹Signora›. Wenn sie sabberte, wischte ihr die Köchin die Mundwinkel ab. Und wenn sie etwas vor sich hinbrabbelte, versuchten die beiden zu verstehen, was sie meinen könnte. Dann trat die Köchin etwa zu ihr und strich ihr mütterlich übers Haar.

Als sie auf dem Sterbebett lag, sagte eine Pflegerin: «Man muss ihren Anwalt rufen.»

«Ich glaube, wir rufen besser die Köchin und den Gärtner», sagte die Stationsleiterin. «Die stehen ihr am nächsten.»

Der letzte Dreck

«Was glaubt sie eigentlich, wer sie sei?», empörten sich die Pflegenden ein übers andere Mal. Und es war tatsächlich empörend, empörend und erniedrigend, wie die Patientin ihre Helfer behandelte. «Wie Sklaven.» «Als wären wir der letzte Dreck.»

Wer nicht unbedingt musste, betrat ihr Zimmer nicht. Und alle schauten, dass sie so schnell wie möglich wieder hinaus kamen. Denn statt Dank erntete man Schimpfworte, statt Freundlichkeit unbeschreibliche Anwürfe. Das Beste war noch, wenn sie einen gar nicht zur Kenntnis nahm, als sei man Luft. Darum taten die meisten auch ihr gegenüber, als wäre sie Luft.

Kein Wunder, war es ihr nicht wohl in dem Haus. Doch gab es keine Alternative. Wegen ihrer Lähmung war sie auf Hilfe angewiesen. Auf Hilfe in Dingen, die man lieber selber erledigen möchte. «Es ist so entwürdigend, wenn man sich beim letzten Dreck helfen lassen muss», seufzte eine Verwandte zu zwei Pflegerinnen, als sie aus ihrem Zimmer kam.

Die schauten einander an.

«Sie muss sich beim letzten Dreck helfen lassen. Und kommt sich dabei vor wie der letzte Dreck», sagte die eine.

«Damit es nicht so entwürdigend für sie ist, macht sie alle, die ihr helfen müssen, zum letzten Dreck.»

«Denn vor dem letzten Dreck braucht man sich nicht zu schämen.»

«Wie können wir sie von ihrer Scham entlasten?»

«Das wird nicht leicht sein.»

Patientenverfügung

Kurz nach dem Eintritt ins Heim füllte er eine Patientenverfügung aus und legte aufs Bestimmteste fest, dass im Fall einer ernsten Erkrankung nichts unternommen werden solle, um sein Leben zu verlängern.

Er war nicht freiwillig ins Heim gekommen. Niemand kommt freiwillig hierher, auch wenn es ein gutes Heim ist. Er kam besonders unfreiwillig. Kaum spürbar zuerst, dann immer deutlicher und öfter hatten seine Beine versagt, bis er nicht mehr gehen und stehen konnte. Nach Auskunft der Ärzte war nichts zu machen. Er fühlte sich um das schöne Alter betrogen, auf das er sich gefreut hatte. Er war voll Zorn und Hader und ein schwieriger Kunde für Pflegende und Heimleitung.

Er blieb schwierig, bis er Emma kennen lernte. Emma war etwa gleich alt wie er und sass wie er im Rollstuhl. Sie war schon länger im Heim und lebte im Stockwerk über ihm. Er sah sie zuerst beim Turnen, wie er die Beweglichkeitsübungen ironisch nannte. Sie kamen miteinander ins Gespräch. Sie gefiel ihm, und er gefiel ihr. Immer häufiger waren sie zusammen anzutreffen. Im Lauf weniger Wochen wurden sie ein richtiges Liebespaar und freuten sich des Lebens.

Weniger freute sich seine Tochter. Sie mochte Emma nicht, gab es ihr deutlich zu spüren und versuchte, sie in den Augen des Vaters herabzusetzen. Als sie damit keinen Erfolg hatte, schrieb sie in einem Brief an die Heimleitung, sie finde es stossend, dass derartige Verhältnisse toleriert würden.

Eines Nachts erkrankte er ernstlich. Als Emma am Morgen an sein Bett kam, war er nicht mehr bei Bewusstsein. Seine Tochter stand schon da, neben ihr der Heimleiter.

«Es gibt diese Verfügung von ihm, dass…», begann der Heimleiter zögernd.

«Dass man sein Leben nicht verlängern soll», fiel ihm die Tochter ins Wort. «So hat mein Vater es ausdrücklich festgelegt. Ich erwarte, dass man sich daran hält.»

«Das könnt ihr nicht machen!», rief Emma. «Wir haben es so gut miteinander und, ja, erst gestern hat er sogar noch vom Heiraten geredet.»

Teil II:
Hinweise zu den Geschichten

Im Folgenden werden zu jeder Geschichte aus Teil I drei Hinweise gegeben, die deren Verwendung als Anstoss zu einem Gruppengespräch oder das fachlich vertiefte persönliche Nachdenken über ethische Fragen erleichtern sollen:

– Zuerst werden einige *Themen* genannt, die in der Geschichte zur Sprache kommen.
– Sodann werden *Leitfragen* formuliert, die zum Nachdenken anregen können.
– Schliesslich folgen *Querverweise* zu Abschnitten aus Teil III, in denen kurze ethische Fachinformationen zu dem genannten Thema und zu den angesprochenen Fragen gefunden werden können.

Einer muss entscheiden (S. 14)

Themen	Entscheid über lebensverlängernde Massnahmen; Lebensqualität
Leitfragen	Woran lässt sich Lebensqualität messen? Wer müsste in diesem Fall entscheiden, ob lebensverlängernde Massnahmen noch angezeigt sind oder nicht? Welche Gesichtspunkte spielen dabei eine Rolle?
Querverweise zu Teil III	2.4. Unterscheidung von Lebensqualität und Menschenwürde (S. 79)
	4.3. Die Frage nach dem mutmasslichen Patientenwillen (S. 95)
	5.2. Kompetente fachliche Betreuung (S. 100)

Verleidet (S. 15 – 16)

Themen Suizidwunsch, Suizidbeihilfe; Lebenssinn;
Lebensqualität

Leitfragen Wie würden Sie sich der alten Frau gegenüber
verhalten, der das Leben verleidet ist und die
einen begleiteten Suizid begehen will?
Welche Verpflichtungen hat das Heimpersonal
Ihrer Meinung nach im Blick auf suizidwillige
Bewohnerinnen?
Finden Sie, Suizid sei in der Situation der alten
Frau eine moralisch vertretbare Art, das Leben
zu beenden?

Querverweise 1.3. Leiden, Sterben und die Sinnfrage (S. 69)
zu Teil III 1.4. Bedarf an Unterstützung und Begleitung im Leiden, im Alter und beim
Sterben (S. 71)
3.2.1. Sterbebegleitung (S. 84)
3.2.2. Suizidbeihilfe (S. 84)
3.3. Zentrale Fragen in der heutigen
Debatte um Sterbehilfe: a) – c) (S. 89)
4.5. Die Spannung zwischen Fürsorge- und
Autonomie-Prinzip (S. 97)

Der liebe Gott hat mich vergessen (S. 17)

Thema Wechselhaftigkeit des Patientenwillens

Leitfragen Wie würden Sie sich Patienten gegenüber verhalten, deren Willensäusserungen schwan-
ken?
Was bedeutet es in einer solchen Situation, die
Autonomie des Patienten ernstzunehmen?

Querverweis 4.2. Autonomie als Prozess im Dialog mit dem
zu Teil III sozialen Umfeld (S. 93)

Die Prüfung (S. 18)

Themen Bedeutung von Leiden; Sedierung (Ruhigstellung) durch Schmerzmittel gegen den Willen eines Patienten

Leitfragen Kann Leiden sinnvoll sein?

Ist es moralisch vertretbar, jemandem gegen seinen Willen Schmerzmittel zu geben, wenn sein Leiden für die Pflegenden und Angehörigen fast unerträglich wird?

Querverweise zu Teil III

1.3. Leiden, Sterben und die Sinnfrage (S. 69)

4.5. Die Spannung zwischen Fürsorge- und Autonomie-Prinzip (S. 97)

5.5. Mitleiden und Ohnmacht aushalten (S. 102)

Erben (S. 19 – 20)

Themen Druck von Angehörigen auf einen Patienten; Entscheidung über lebensverlängernde Massnahmen

Leitfragen Wie haben sich Pflegende, Heimleitung und Ärzte bei Spannungen zwischen Patienten/Heimbewohnerinnen und Angehörigen zu verhalten?

Wer entscheidet nach welchen Gesichtspunkten über lebenserhaltende Massnahmen oder über den Verzicht auf sie?

Querverweise zu Teil III

4.1. Das Autonomie-Prinzip: Die Forderung nach informierter Zustimmung (S. 92)

4.3. Die Frage nach dem mutmasslichen Patientenwillen (S. 95)

5.3. Orientierung am Patientenwillen (S. 101)

Sterbebegleitung (S. 21 – 22)

Themen Sterbebegleitung; Nähe und Distanz in der
Begleitung Sterbender

Leitfragen Was halten Sie von dem Grundsatz: «Man darf
einen Menschen im Sterben nicht alleine las-
sen»?

Wie möchten Sie einmal im Sterben begleitet
werden?

Querverweis 5.4. Nähe und Distanz (S. 102)
zu Teil III

Aufgezehrte Ersparnisse (S. 23 – 24)

Themen Lebensverlängernde Massnahmen bei Koma-
Patienten; Patientenverfügung; Bedeutung
finanzieller Gesichtspunkte

Leitfragen Wer entscheidet nach welchen Gesichtspunkten über lebenserhaltende Massnahmen oder
über den Verzicht auf sie?

Wie verbindlich ist die in der Patientenverfügung von Lilly festgehaltene Autorisierung
ihrer Mutter, stellvertretend für sie über
Behandlungsmassnahmen zu entscheiden?

Dürfen finanzielle Fragen bei Entscheidungen
über lebensverlängernde Massnahmen eine
Rolle spielen?

Querverweise 3.2.3. Passive Sterbehilfe (S. 85)
zu Teil III 4.3. Die Frage nach dem mutmasslichen
Patientenwillen (S. 95)

4.4. Patientenverfügungen (S. 96)

Erfahrungen einer alten Pfarrerin (S. 25 – 26)

Thema Sterbehilfe früher und heute; menschliches Mitentscheiden über den Todeszeitpunkt; indirekte Tötung von Patienten

Leitfrage Wie beurteilen Sie die früher wie heute – und ungeachtet des rechtlichen Tötungsverbots – vorkommende Praxis, dass Angehörige, Pflegende oder Ärzte Menschen zum Tod verhelfen? Zum Teil auch ohne dass diese ausdrücklich darum bitten?

Querverweise zu Teil III 3.2.5. Aktive Sterbehilfe: Tötung auf Verlangen (S. 86)

3.2.6. Tötung ohne ausdrückliches Verlangen des Patienten (S. 86)

Der Lebenslauf (S. 27 – 28)

Themen Mögliche Bedeutung von Leiden; Problematik von Vertrösten und Tabuisieren des Todes

Leitfragen Inwiefern kann Leiden dazu beitragen, Lebenssinn zu finden?
Wie könnte eine hilfreiche, ermutigende Begleitung dieser Patientin aussehen?

Querverweise zu Teil III 1.3. Leiden, Sterben und die Sinnfrage (S. 69)
5.1. Den Tod nicht verdrängen (S. 99)

Das Recht zu sterben (S. 29 – 30)

Themen Sterben als etwas, worauf man Anrecht hat; Fürsorgepflicht bei Sterbewilligen

Leitfragen Gibt es Ihrer Meinung nach so etwas wie ein Recht darauf, sterben zu dürfen?
Gibt es eine Verpflichtung, jemanden um jeden Preis vor dem Sterben zu bewahren?

Welche Gesichtspunkte wären Ihnen wichtig für einen verantwortungsvollen Umgang mit Sterbewilligen?

Querverweise zu Teil III

3.3. Zentrale Fragen in der heutigen Debatte um Sterbehilfe: a) (S. 89)

4.5. Die Spannung zwischen Fürsorge- und Autonomie-Prinzip (S. 97)

5.3. Orientierung am Patientenwillen (S. 101)

Unfall (S. 31 – 32)

Thema Was heisst Gutes tun? Leben retten oder sterben lassen?

Leitfragen Gibt es Situationen, in denen Leben zu retten moralisch fragwürdig ist?

Finden Sie es richtig, dass das Ambulanzteam «für die beiden alles tut, was sie können»?

Fänden Sie es richtig, man hätte die beiden Schwerverletzten am Unfallort sterben lassen?

Wäre ein Leben mit schwersten Behinderungen dem Tod vorzuziehen?

Querverweise zu Teil III

2.4. Unterscheidung von Lebensqualität und Menschenwürde (S. 79)

4.3. Die Frage nach dem mutmasslichen Patientenwillen (S. 95)

Ihr Mann (S. 33 – 34)

Thema Lebensverlängernde Massnahmen bei Koma-Patienten

Leitfragen Hat das Leben dieses Mannes noch eine Würde?

Gilt bei einem Koma-Patienten wie diesem Mann noch das Prinzip der Patientenautonomie?

Wer entscheidet in einer solchen Situation
nach welchen Gesichtspunkten über lebenserhaltende Massnahmen oder über den Verzicht auf sie?

Querverweis 2.2. Die unverlierbare Würde des Menschen
zu Teil III (S. 74)

3.2.3. Passive Sterbehilfe (S. 85)

4.3. Die Frage nach dem mutmasslichen
Patientenwillen (S. 95)

Morphium (S. 35)

Themen Schmerzbekämpfung gegen den Willen der
Patientin; Umgang mit Leiden

Leitfrage Ist es moralisch vertretbar, jemandem gegen
seinen Willen Schmerzmittel zu geben, wenn
die Angehörigen das für nötig halten oder
wenn für sie das Leiden der Patientin fast unerträglich wird?

Querverweis 1.3. Leiden, Sterben und die Sinnfrage (S. 69)
zu Teil III 4.1. Das Autonomie-Prinzip: Die Forderung
nach informierter Zustimmung (S. 92)

4.5. Die Spannung zwischen Fürsorge- und
Autonomie-Prinzip (S. 97)

5.3. Orientierung am Patientenwillen (S. 101)

5.5. Mitleiden und Ohnmacht aushalten (S. 102)

Gebundene Hände (S. 36 – 37)

Thema Suizidbeihilfe

Leitfragen Fänden Sie es moralisch vertretbar, in diesem
seltenen Fall, da ein assistierter Suizid nicht
mehr möglich ist, aktive Sterbehilfe, z. B. durch
eine Ärztin, zuzulassen?

«Wir müssen etwas für ihn tun», meint die

Freundin. Was könnte man in dieser Situation für den Mann tun?

Querverweise zu Teil III
3.2.2. Suizidbeihilfe (S. 84)
3.2.5. Aktive Sterbehilfe: Tötung auf Verlangen (S. 86)
3.3. Zentrale Fragen in der heutigen Debatte um Sterbehilfe: b), c) + e) (S. 89)

Todesverdrängung (S. 38)

Themen
Verdrängung des Todes; Wahrheit am Krankenbett

Leitfragen
Muss man einem Patienten die Wahrheit über seinen Zustand sagen? Auch wenn er die Wirklichkeit lieber verdrängt?
Gibt es eine moralische Verpflichtung, den Patienten nach Möglichkeit dahin zu bringen, dass er sich mit seiner Situation realistisch auseinandersetzt?
Was bedeutet hier, die Autonomie des Betroffenen ernstzunehmen?

Querverweise zu Teil III
1.2. Die Zwiespältigkeit im Umgang mit Sterben und Tod (S. 67)
4.1. Das Autonomie-Prinzip: Die Forderung nach informierter Zustimmung (S. 92)
5.1. Den Tod nicht verdrängen (S. 99)

Lebensverlängerung (S. 39 – 40)

Themen
Umgang mit der eigenen Endlichkeit; Behandlungsverweigerung

Leitfragen
Gibt es ein ‹richtiges Alter› zum Sterben? Oder stimmen Sie der Aussage der Frau in der Geschichte zu, dass es «wahrscheinlich nie das richtige Alter» zum Sterben ist?

Sehen Sie einen Unterschied zwischen freiwilliger Ablehnung einer möglichen Behandlung und einem eigentlichen Suizid? (vgl. die Aussage des Gynäkologen: «Das grenzt an Selbstmord.»)

Wie stellen Sie sich zur Meinung der Verwandten, die Haltung der Patientin sei «verantwortungslos»?

Inwiefern könnte man in der Entscheidung der Frau, auf Behandlung zu verzichten, eine verantwortliche Handlung sehen?

Querverweise 1.1. Krankheit, Leiden und Sterben als
zu Teil III   Lebensaufgabe (S. 65)
                4.1. Das Autonomie-Prinzip: Die Forderung
                      nach informierter Zustimmung (S. 92)
                5.1. Den Tod nicht verdrängen (S. 99)
                5.3. Orientierung am Patientenwillen (S. 101)

Der Sinn des Lebens (S. 41–42)

Themen Lebenssinn; Wechselhaftigkeit des Patientenwillens
Leitfrage Wie hängen in dieser Geschichte Krankheit und die Frage nach dem Lebenssinn zusammen?
Querverweise 1.3. Leiden, Sterben und die Sinnfrage (S. 69)
zu Teil III 4.2. Autonomie als Prozess im Dialog mit dem sozialen Umfeld (S. 93)

Wie die Kinder (S. 43–44)

Thema Würde eines Menschen angesichts des Zerfalls seiner Persönlichkeit
Leitfragen Wie verhält es sich mit der Würde des alten Mannes in der Situation, die sein Nachfolger

als «so entwürdigend» empfindet?

«Man müsste etwas tun können», meint der Nachfolger des alten Herrn. Was meint er damit?

Was würde ein ‹würdiger› Umgang mit Menschen wie dem alten Professor beinhalten? Was könnte und müsste man moralisch verantwortlich tun?

Querverweis 2. Angst vor dem Würdeverlust am Lebens-
zu Teil III ende (S. 73)

Oberschenkelhalsbruch (S. 45 – 46)

Themen Prinzip der Fürsorge: Gutes tun; mutmasslicher Patientenwille

Leitfragen Was spricht unter ethischem Gesichtspunkt für, was gegen die vom Chirurgen vorgesehene Operation?

Wer hat über das Vorgehen zu entscheiden? Welche Gesichtspunkte müssten dabei eine Rolle spielen?

Sollen hohes Alter und fortgeschrittene Demenz Kriterien sein bei der Entscheidung, ob bei der Patientin noch eine Operation durchgeführt werden soll oder nicht?

Querverweise 1.4. Bedarf an Unterstützung und Begleitung
zu Teil III im Leiden, im Alter und beim Sterben (S. 71)

4.3. Die Frage nach dem mutmasslichen Patientenwillen (S. 95)

5.2. Kompetente fachliche Betreuung (S. 100)

Freie Fahrt (S. 47)

Thema Spannung zwischen der Autonomie des Heimbewohners und Fürsorgepflicht des Heims;

Spannung zwischen dem Anspruch des
Bewohners auf Freiheit und Risiko einerseits
und der Verantwortung des Personals für
Schutz und Sicherheit der ihnen Anvertrauten
andererseits

Leitfragen Nahm das Heimpersonal Ihrer Meinung nach
seine Verantwortung genügend wahr?
Wie würden Sie dem Polizisten gegenüber
argumentieren? Wie dem Verunfallten gegenüber?
Wie würden Sie die Grenze zwischen Risiko-
verhalten eines Heimbewohners und Fürsorgepflicht des Heims bestimmen? Was für
Gesichtspunkte wären Ihnen dabei wichtig?

Querverweise 4.1. Das Autonomie-Prinzip: Die Forderung
zu Teil III   nach informierter Zustimmung (S. 92)
4.5. Die Spannung zwischen Fürsorge- und
Autonomie-Prinzip (S. 97)

Die Diva (S. 48 – 49)

Themen Würdiges Altern und Sterben; menschenwürdige Begleitung von dementen alten Menschen und Sterbenden

Leitfragen Was halten Sie von der Klage des verwandten
Paares über die «Würdelosigkeit des Alters»?
Wie stellen Sie sich ein Alter und ein Sterben in
Würde vor?
Wie sähe eine ‹würdige› Betreuung der alten
Frau aus?

Querverweise 2.3. Die schleichende Aushöhlung des Wür-
zu Teil III   deverständnisses (S. 76)
2.5. Menschenwürdige Begleitung und
Behandlung Sterbender (S. 80)

Der letzte Dreck (S. 50)

Themen Umgang mit Aggressionen von Patienten;
Angst vor entwürdigenden Situationen

Leitfragen Was könnte es bedeuten, die Patientin «von
ihrer Scham zu entlasten»?
Was für ein Verhalten der Pflegenden wäre
dabei hilfreich?
Inwiefern ist ein differenziertes Würdeverständnis wichtig?

Querverweis 2. Angst vor dem Würdeverlust am Lebens-
zu Teil III ende (S. 73)

Patientenverfügung (S. 51 – 52)

Thema Umgang mit Patientenverfügungen

Leitfragen Welche Verbindlichkeit besitzt eine Patientenverfügung?
Wessen Meinung ist bei der Entscheidung
über einen Einsatz von lebensverlängernden
Massnahmen mit zu berücksichtigen?
Wodurch hätte der Mann die Situation verein-
fachen können?

Querverweis 4.3. Die Frage nach dem mutmasslichen
zu Teil III Patientenwillen (S. 95)
4.4. Patientenverfügungen (S. 96)

Teil III:
Ethische Impulse

1. Sterben ist Teil des Lebens

1.1. Krankheit, Leiden und Sterben als Lebensaufgabe

Leben ist immer begrenzt. Wir Menschen sind sterblich wie alle Kreaturen auf dieser Erde. Das klingt banal. Trotzdem fällt es uns häufig schwer, diese Tatsache ernst zu nehmen und uns im eigenen Leben darauf einzustellen.

Leben gibt es nur in der Spannung zwischen Werden und Vergehen, zwischen Gezeugt- und Geborenwerden einerseits und Sterben andrerseits. Ausgespannt zwischen diesen beiden Polen ist das ganze Leben ein Prozess des Wachsens, des Sich-Entwickelns, des ständigen Alterns. Seine letzte Phase ist das Sterben. Erst dann ist das Leben abgeschlossen. Erst durch das Sterben wird das Leben ganz. Der deutsche Philosoph Martin Heidegger versteht das ganze menschliche Leben im Grunde als ein «Sein zum Tode» bzw. ein «Vorlaufen zum Tode», das nur echt gelebt werden kann, wenn man ernst nimmt, dass wir sterblich sind. Eine Verdrängung des Todes führt gerade nicht zu einem Gewinn an Leben, sondern eher zu dessen Minderung. Nur ein Leben im Bewusstsein, dass wir unausweichlich auf den Tod zugehen, ist wahrhaft menschlich.

Allerdings unterscheidet sich ein heutiger durchschnittlicher Lebensverlauf wesentlich von einem früheren. Der zivilisatorische Fortschritt, insbesondere die Errungenschaften der modernen Medizin, hat uns das Phänomen der Langlebigkeit beschert. Das heisst: Menschen in unseren Breitengraden können damit rechnen, dass sie älter werden, als es den meisten Menschen der vergangenen Zeiten je vergönnt war. Früher unterteilte man das Leben in drei Altersabschnitte: die Jugend – das mittlere Erwachsenenalter – das Alter. Letzteres fiel meist recht kurz aus. Heute umfasst eine normale Biografie vier Altersabschnitte: die Jugend (ca. 0–20) – die Phase des Familienlebens und der Erwerbstätigkeit (ca. 20 – 65) – das junge Alter (ca. 65 – 80) – die Phase des (Hoch-)Betagtseins (ca. 80+). Für viele konzentrieren sich Erfahrungen wie längere Krankheit, Pflegebedürftigkeit, Auseinandersetzung mit Leiden und Sterben auf diese letzte Phase am Ende eines relativ langen, grösstenteils gesunden und aktiven Lebens.

Industrie, Forschung, Medizin und Lifestyle-Philosophien verbinden unter dem Label des ‹Anti-Aging› ihre Anstrengungen, das Ende des Lebens und seine belastenden Begleiterscheinungen immer weiter hinauszuschieben. Mit dem Slogan ‹forever young› (ewig jung) wird dem Altern und dem Sterben der Kampf angesagt.

Trotzdem hat sich an der grundlegenden Tatsache nichts geändert, dass Menschen irdisch-begrenzte Wesen sind, deren Leben an ein Ende kommt. Ja, was dem Leben Sinn und Bedeutung verleiht, ist unter anderem, dass es begrenzt ist. Leben kann nur menschlich sinnvoll gelebt werden, wenn wir den Prozess des Alterns und des unweigerlich bevorstehenden Sterbens annehmen.

Dazu kommt noch ein Weiteres: Leben vollzieht sich in einer ständigen dynamischen Spannung zwischen Gesundsein und Kranksein, Starksein und Schwachsein, Fähigkeiten und Begrenzungen, Erfahrungen von Lust und Schmerz. Erst beides zusammen macht menschliches Leben in seiner Ganzheit aus. Man kann das eine nicht haben ohne das andere. Einen angemessenen Umgang mit Krankheit und Sterben, mit Kranken und Sterbenden zu entwickeln und die entsprechenden Rahmenbedingungen dafür zu schaffen, ist eine zentrale moralische Aufgabe unseres Zusammenlebens.

Mit *Moral* ist jeweils die Gesamtheit der Werte, Normen und Verhaltensregeln gemeint, die unser alltägliches Handeln bewusst oder unbewusst bestimmen. Das kritische Nachdenken über solche moralischen Werte und Normen hingegen, über ihre Begründung und Veränderung, nennt man *Ethik*. In diesem Sinne beschäftigen wir uns in diesem Buch mit ethischen Überlegungen zu denjenigen moralischen Normen und Vorstellungen, die unseren Umgang mit Leiden und Sterben prägen.

1.2. Die Zwiespältigkeit im Umgang mit Sterben und Tod

So banal es klingt festzustellen, dass menschliches Leben sterblich ist, so schwierig ist es in unserer Gesellschaft, sich mit dem Sterben auseinanderzusetzen. Starb man früher meist zu Hause im Kreis derer, mit denen man das Leben geteilt hatte, so stirbt man heute mehrheitlich in spezialisierten Institutionen (Spitälern, Heimen) mit professioneller Betreuung. In der Schweiz trifft das auf drei Viertel aller Todesfälle zu. Sterben ist in der gesellschaftlichen Entwicklung aus dem privaten Lebensraum wegdelegiert und in die Obhut von Experten verwiesen worden. Das soll nicht als Kritik verstanden werden. Es ist zunächst einmal einfach eine Feststellung. Diese Entwicklung hat durchaus ihre positiven Aspekte: In einem Spital oder Heim zu sterben, garantiert oft eine optimale medizinisch-pflegerische Betreuung. Zudem entlastet es die Angehörigen von Betreuungsaufgaben, durch die sie vielleicht überfordert wären, so dass sie sich ganz auf die psychosoziale Begleitung ihrer Angehörigen konzentrieren können. Und die Sterbenden selbst müssen nicht den Eindruck haben, ihren Angehörigen zur Last zu fallen. Eines der Probleme, die diese ‹Institutionalisierung› des Sterbens allerdings mit sich bringt, liegt darin, dass heutige Menschen kaum noch lebenspraktische Erfahrung mit dem Sterben und in der Begleitung von Sterbenden haben. Es ist heute gut möglich, dass das erste Sterben, mit dem jemand unmittelbar konfrontiert wird, sein eigenes ist. Wie aber kann man sich mit dem auseinandersetzen, was man im Alltag selber gar nicht mehr erlebt? Wie sich darauf vorbereiten?

Es ist nicht zu übersehen, dass in unserer Gesellschaft das Sterben und der Tod immer noch ein Stück weit verdrängt und tabuisiert werden. Man spricht lieber nicht davon, setzt sich lieber nicht damit auseinander, wenn kein zwingender Anlass dazu besteht. Der Gedanke an den Tod ist nicht mehr vertraut, er macht Angst. Darum vermeiden wir ihn so lange wie möglich. Das zeigt sich unter anderem daran, wie wenige Menschen eine Patientenverfügung oder einen Organspenderausweis ausgefüllt haben. «Das hat noch Zeit», denken die meisten, selbst alte

Menschen. Die Verdrängung macht sich manchmal sogar in Spitälern und Heimen bemerkbar. An manchen Orten ist es immer noch üblich, dass Särge mit Leichen möglichst diskret-verborgen durch einen Hintereingang abgeholt werden, dort, wo die Lieferanten Waren anliefern und die Abfälle entsorgt werden. Und muss in einem Spital das Bett mit einem Verstorbenen in den Aufbahrungsraum gefahren werden, deckt man es häufig diskret mit einem weissen Laken ab – schliesslich will man niemandem den Anblick eines Toten zumuten!

Durch die Befreiung unserer Gesellschaft von allgemein verbindlichen religiösen Vorgaben und durch die Tatsache, dass sich eine immer grössere Vielfalt von kulturellen, religiösen und weltanschaulichen Positionen herausgebildet hat, sind selbstverständliche, von allen geteilte Formen des Umgangs mit Sterben und Tod verloren gegangen. Heutige Menschen sind weitgehend sprachlos angesichts des Todes. Es fehlen vertraute, eingeübte Worte und Texte, Gesten und Verhaltensweisen, mit denen man sich dem Tod gegenüber verhalten könnte. So löst das Sterben vor allem Hilflosigkeit, Sprachlosigkeit, Angst und Unsicherheit aus. Wenn man schon in guten Tagen, unter Freunden oder in der Familie, kaum je über das Sterben sprechen konnte oder wollte, wie viel weniger wird es im Ernstfall gelingen.

Gleichzeitig gibt es allerdings auch das andere: Dass Sterben und Tod in Fachkreisen wie in der medialen Öffentlichkeit auf lebhaftes Interesse stossen. Büchern und Zeitschriftenartikeln mit Berichten von sogenannten Nahtod-Erfahrungen ist eine grosse Leserschaft gewiss. Rund um das Thema Sterbehilfe entspinnen sich immer wieder heftige Debatten, die über Wochen hinweg für Schlagzeilen und Leserbriefe sorgen. So etwa im Zusammenhang mit der Anfang 2001 vollzogenen Neuregelung, die Sterbehilfe-Organisationen in Stadtzürcher Alters- und Pflegeheimen zulässt. Ebenso stehen Publikationen, Fernsehsendungen oder Veranstaltungen zu Fragen eines würdigen Sterbens hoch im Kurs. Die Forderung nach einem ‹Recht auf den eigenen Tod› stösst auf breites Echo und hat in vielen Ländern zur Gründung spezieller Gesellschaften geführt, die dieses Anliegen vertreten. Im Blick auf fachliche Entwicklungen ist zudem auf die

Ausbreitung des Hospiz-Gedankens und der Palliativ-Bewegung hinzuweisen, in deren Gefolge auch in vielen Heimen neue Formen einer hilfreichen Abschieds- und Sterbekultur entwickelt worden sind und entwickelt werden (vgl. Wilkening & Kunz, 2003). Schliesslich hat sich eine neue interdisziplinäre Forschungsrichtung, die sogenannte *Thanatologie*, herausgebildet, die unter verschiedenen Gesichtspunkten Aspekte des Sterbens und des Todes studiert. All dies zeugt von einer vertieften Beschäftigung mit dem Lebensende.

So ist für die gegenwärtige gesellschaftliche Situation beides kennzeichnend: die Verdrängung des Todes aus dem Alltag *und* die vertiefte fachliche Auseinandersetzung mit dem Thema. Tatsache bleibt allerdings, dass der Umgang mit diesem Thema aus persönlicher Betroffenheit für viele Zeitgenossen schwierig ist.

1.3. Leiden, Sterben und die Sinnfrage

Krankheit, Leiden und Sterben sind schwierige Erfahrungen. Es wäre geradezu masochistisch, sie sich herbeizuwünschen. Ein Leidender oder Sterbender mag sich zuweilen nach dem Tod sehnen. Er tut dies aber nur, weil er durch den Tod vom Prozess des Sterbens oder von einem leidvollen Leben, das er nicht mehr fortsetzen möchte, erlöst zu werden hofft.

Nun wird daraus, dass wir Krankheit, Leiden und Sterben als etwas Negatives erfahren, allzu rasch gefolgert, Leiden, z. B. das Durchleiden eines Sterbeprozesses, sei grundsätzlich sinnlos. So ist etwa im Bericht einer Expertenkommission des Eidgenössischen Justiz- und Polizeidepartements zur Sterbehilfe aus dem Jahre 1999 zu lesen, es gehe darum, einen Menschen von einem Leben zu erlösen, «das nurmehr aus sinnlosem Leiden besteht» (Sterbehilfe, 1999, 8). Solche Formulierungen sind höchst problematisch.

Natürlich erscheint Leiden in der konkreten Situation den Betroffenen oft als sinnlos. Es ist gut nachvollziehbar, dass Menschen über ihrem Leiden so verzweifeln, dass sie nur noch den Ausweg sehen, um aktive Sterbehilfe zu bitten. Das ist zu respektieren. Aber es ist fragwürdig, deshalb pauschal von einem

Leben zu reden, «das nurmehr aus sinnlosem Leiden besteht». Es übersteigt unsere Möglichkeiten, objektiv zu beurteilen, ob ein bestimmtes Leiden sinnvoll oder sinnlos sei.

Macht man es sich nicht zu leicht, wenn man einfach Glück mit Sinn und Leiden mit Sinnlosigkeit identifiziert? Empfinden wir nicht alle im Rückblick auf unser Leben, dass Glück *und* Leiden zum Ganzen eines sinnvollen, menschlichen Lebens gehören? Wenn mein Leben sinnvoll war und ist, dann sicher nicht unter Ausblendung der leidvollen Erfahrungen. Der Philosoph Thomas Rentsch formuliert, dass «Negativität» – schwierige menschliche Erfahrungen wie Krankheit, Leiden oder das Wissen um die eigene Sterblichkeit – «auch als lebenssinn-konstitutiv zu verstehen» ist. Das heisst: Solche negativ empfundenen Erfahrungen tragen mit dazu bei, dass menschliches Leben als sinnvoll erlebt werden kann (Rentsch, 1994, 303). So etwas wie Sinn im Leben lässt sich eben nur erfahren, wenn wir uns auf das ganze Leben mit seinem Glück und seinem Leiden, seinem Werden und seinem Vergehen einlassen.

Viele Sinnaspekte unseres Lebens bleiben uns sowieso verborgen und lassen sich nur von einer höheren Warte aus erkennen, die uns nicht zugänglich ist. Darum steht nach theologischem Verständnis das abschliessende Urteil über Sinn oder Sinnlosigkeit unseres Lebens allein Gott zu. Und von ihm her gewinnt das Leben mitsamt seinen dunklen Seiten seinen Sinn. Dafür steht in der christlichen Tradition etwa die Gestalt des leidenden Hiob im Alten Testament. Und im Zentrum des neutestamentlichen Zeugnisses steht das Bekenntnis, dass Gott ausgerechnet im Leidensweg und in der Kreuzigung des Jesus von Nazareth zum Heil der Menschen gewirkt hat. Nimmt man das ernst, wird man zwar gewiss nicht einfach Leiden verklären, man wird sich aber ebenso davor hüten, Leidenserfahrungen – eigene wie fremde – voreilig als «nurmehr sinnlos» abzuwerten. Immerhin ist es eine psychologische wie medizinische Tatsache, dass Krankheiten, Leiden und Krisen wesentlich zur Entwicklung eines Menschen beitragen können.

Die persönliche Auseinandersetzung mit Krankheit, mit Leiden, mit Abhängigkeit und mit dem Sterben ist existenzielle Arbeit, oft Schwerstarbeit. Sie verdient es, von denen, die einen Leidenden begleiten und betreuen, mit grossem Respekt wahrgenommen und unterstützt zu werden. Nach der psychoanalytischen Schule der Logotherapie, die Viktor E. Frankl aus eigener Leidenserfahrung in einem deutschen KZ entwickelte, ist Leiden eine zentrale menschliche Leistung. Sie birgt nicht nur das Potenzial zu Wachstum und Reifung in sich, sondern schliesst die Chance zu grösstmöglicher Sinnerfüllung und Persönlichkeitsentwicklung ein (Kurz, 1998, 186 f.). Die Herausforderung, Krankheit und Leiden zu bestehen, kann dem Leben mehr Sinn geben als eine problemlose Existenz im Wohlstand, in der keine Nöte zu bewältigen und keine Probleme zu überwinden sind. «Auch ‹Negatives›, Unangenehmes, Schmerzliches … (kann) bejahenswert sein – um das Menschsein voll und ganz zu erfahren und die Polarität des Lebens auszumessen», so der Philosoph Wilhelm Schmid im Rahmen eines Philosophie-Projekts am Bezirksspital Affoltern am Albis (Schmid, 2003, 46).

Um nicht missverstanden zu werden: Es geht nicht darum, Leiden zu verharmlosen und pauschal als sinnvoll zu erklären. Wohl aber soll darauf hingewiesen werden, dass – entgegen einer heute weit verbreiteten Tendenz – die Auseinandersetzung mit Krankheit, Leiden und Sterben grundsätzlich einmal als sinnvolle und Sinn stiftende Erfahrung anzusehen ist. Menschen, die durch ihr Leiden solche existenzielle Arbeit leisten, verdienen darin unseren Respekt und unsere volle Unterstützung. Aus diesem Grunde ist auch der Wunsch von Patienten zu achten, die trotz grosser Schmerzen nicht durch hohe Schmerzmitteldosen sediert, also ruhig gestellt werden wollen, sondern es vorziehen, ihr Leiden bei einigermassen klarem Bewusstsein auszuhalten. Manchmal sind es eher die Angehörigen oder die Betreuenden, die dieses Leiden nicht ertragen, weniger die Leidenden selbst.

1.4. Bedarf an Unterstützung und Begleitung im Leiden, im Alter und beim Sterben

Gerade im letzten Lebensabschnitt, der für viele heute in die Phase der Hochaltrigkeit fällt, wird die Zerbrechlichkeit menschlichen Lebens und das Angewiesensein auf die Unterstützung durch andere besonders deutlich. Auf andere angewiesen zu sein, ist ein Grundzug menschlichen Lebens in allen seinen Abschnitten; bloss wird uns das am Lebensende in der Regel stärker bewusst und erfahrbar.

Darum spielt in dieser Situation das ethische *Prinzip der Solidarität* oder *Fürsorge* – also der verständnisvollen Begleitung und fachlich kompetenten Betreuung bei Krankheit, im Leiden und beim Sterben – eine zentrale Rolle. Jedem, der auf die Hilfe anderer angewiesen ist, steht solche Hilfe im Rahmen des Möglichen zu. Für diejenigen, die sie erbringen, stellt sich die Forderung der Fürsorge als doppeltes Prinzip dar: als *Prinzip, nicht zu schaden* einerseits, als *Prinzip, Gutes zu tun* andrerseits (vgl. Anhang 1). Was einer bestimmten Person gut tut, steht nicht von vornherein fest, sondern ist in der konkreten Situation angesichts der spezifischen Wertvorstellungen und Wünsche der betroffenen Person zu klären. Manche Situationen erfordern ein sorgfältiges Abwägen, ob eine bestimmte Handlung mehr schadet oder ob sie eher hilft.

Bei der Fürsorge im genannten doppelten Sinne lassen sich drei Ebenen unterscheiden:

a) Die Ebene der Selbstverantwortung und Selbsthilfe der Betroffenen. Es ist primär einmal ihre eigene Aufgabe, sich den Anforderungen ihres Lebens zu stellen und sich soweit als möglich selbst zu helfen. Man nennt diese Ebene der Verantwortung des Einzelnen für sich selbst die *individualethischen Ebene*.

b) Die Ebene der direkten zwischenmenschlichen Begegnung. Das kann der Kontakt der auf Hilfe Angewiesenen mit privaten Bezugspersonen, aber auch mit professionell Tätigen (z. B. Pflegenden, Ärztinnen und Ärzten) sein. Bei dieser Ebene der Verantwortung spricht man von der *personalethischen Ebene*.

c) Die Ebene der Gesellschaft als Ganzes und ihrer spezialisierten Institutionen. Sie sind verantwortlich für angemessene Rahmenbedingungen, in denen Krankheit, Leiden und Sterben gelebt und Betroffene kompetent behandelt und unterstützt werden können. Das ist die sogenannte *sozialethische Ebene*.

Nur wenn moralische Verantwortung auf allen drei Ebenen in koordinierter Weise wahrgenommen wird, kann das Sterben als Abschluss des Lebens auf optimale, menschenwürdige Weise gelebt werden.

2. Angst vor dem Würdeverlust am Lebensende

2.1. Was im Blick auf das Lebensende Angst macht

Viele Menschen verbinden den Gedanken an ihr Lebensende mit negativen Gefühlen. Da ist einmal die Ungewissheit, was der Tod uns bringt und was nach ihm sein wird. Der Tod hat etwas Fremdes, Unheimliches, das in der Figur des Sensenmannes von vielen Künstlern dargestellt worden ist. Darüber hinaus machen uns heute im Blick auf unser Lebensende verschiedene Ängste zu schaffen:

An erster Stelle steht die Angst vor *physischen Schmerzen*, die Angst, dass es nicht gelingt, das physische Leiden durch eine entsprechende Schmerztherapie zu beheben oder wenigstens auf ein erträgliches Mass zu reduzieren. Eng damit verbunden ist die Angst vor Atemnot, die Angst, keine Luft mehr zu bekommen und ersticken zu müssen.

Eine weitere Angst ist die vor dem *Verlust der Selbstständigkeit und Selbstbestimmung*. Einschränkungen in unserer Autonomie hinnehmen, von anderen abhängig werden oder ihnen gar zur Last fallen zu müssen, ist für viele eine schreckliche Vorstellung.

Da ist die Angst, *die Kontrolle über den eigenen Körper zu verlieren*. Beispielsweise nicht mehr selbstständig auf die Toilette gehen zu können. Die Vorstellung, einmal an Stuhl- und Harninkontinenz zu leiden, das heisst die eigenen Ausscheidungsfunktionen nicht mehr kontrollieren zu können, berührt die meisten sehr unangenehm.

Viele fürchten sich auch davor, im Alter an Demenz zu erkranken, einen *Persönlichkeitszerfall* oder Persönlichkeitsveränderungen hinnehmen zu müssen. Die Möglichkeit des Persönlichkeitszerfalls hängt wie ein Damoklesschwert über dem Altwerden unter den Bedingungen der Langlebigkeit.

Schliesslich zeigt sich häufig eine Angst, die alle anderen verdichtet und vor der sich viele Menschen mehr fürchten als vor allem andern: die Angst vor dem *Verlust der Würde* am Lebensende. Die eigene Würde empfinden die meisten als etwas so Zentrales, dass ein Leben unter Bedingungen, die man als würdelos empfindet, inakzeptabel erscheint. Auf dem Hintergrund dieser Angst ist die Forderung nach einem ‹Sterben in Würde› zu verstehen.

2.2. Die unverlierbare Würde des Menschen

Dass dem Menschen eine besondere Würde zukommt, lässt sich nicht beweisen und nicht durch irgendwelche Messungen feststellen. Man kann es letztlich nur anerkennen als eine ethische Grundannahme, die aus sich selbst heraus einleuchten muss und von der sich alles weitere ethische Denken und Argumentieren ableitet. In der Philosophie nennt man das ein ‹Axiom›, eine weiter nicht mehr begründbare Grundannahme.

Es ist eine nicht hoch genug einzuschätzende Errungenschaft der abendländischen Geistesgeschichte, dass sie ein Verständnis von Menschenwürde entwickelt hat, das international – allerdings erst sehr spät – durch die Allgemeine Erklärung der Menschenrechte der Vereinten Nationen vom 10. Dezember 1948 auch rechtliche Verbindlichkeit erlangt hat. Menschenrechte stehen Menschen zu, weil ihnen eine besondere Würde, eben die Menschenwürde eigen ist. Bestreitet man den unverlierbaren Anspruch der Menschenwürde, rüttelt man zugleich an der fundamentalen Geltung der Menschenrechte. Darum ist die Menschenwürde in vielen Staatsverfassungen festgeschrieben. So lautet Artikel 7 der Bundesverfassung der Schweizerischen Eidgenossenschaft: «Die Würde des Menschen ist zu achten und zu schützen.» Genau genommen kann die Menschenwürde nur *geachtet* werden; *geschützt* werden können nur die aus der Menschenwürde sich ergebenden Menschen*rechte*. Bündig hält darum Artikel 1 des Grundgesetzes für die Bundesrepublik Deutschland fest: «Die Würde des Menschen ist unantastbar.»

Was aber meint Menschenwürde? Sie bezeichnet einen absoluten Wert des Menschen, der durch nichts anderes aufgewogen werden kann. Dieser Wert beinhaltet

a) den Anspruch auf Schutz des eigenen Lebens und seiner Integrität,

b) den Anspruch auf Autonomie, also auf Selbstbestimmung und Selbstverantwortlichkeit,

c) den Anspruch auf Respekt vor der eigenen menschlichen Person.

In der theologischen Tradition wird diese dem Menschen ‹von aussen›, nämlich von Gott zukommende Würde herkömmlicherweise mit seiner ‹Gottebenbildlichkeit› (Gen 1,26f) begründet. Diese besteht darin, dass der Mensch in besonderer Weise als ein zu Freiheit und Verantwortung berufenes Gegenüber Gottes erschaffen wurde. Man kann im Blick auf die Menschenwürde aber auch rein philosophisch argumentieren, etwa mit dem Philosophen Immanuel Kant, der dem Menschen als sittlichem Wesen einen höchsten, absoluten Wert zukommen sah.

So oder so handelt es sich bei der *Menschenwürde* um einen Anspruch auf Schutz, Freiheit und Respekt, der dem Menschen grundsätzlich zukommt. Man kann deshalb auch von der *inhärenten Würde* (= dem Menschen innewohnenden Würde) oder der *Wesenswürde* des Menschen sprechen.

Sie kann und braucht nicht erst durch irgendwelche Leistungen angeeignet oder verwirklicht zu werden. Sie ist einem Menschen allein schon dadurch gegeben, dass er Mensch ist. Entsprechend kann sie auch nicht verloren gehen oder beeinträchtigt werden. Sie kommt grundsätzlich jedem Menschen in gleichem Masse zu. Menschenwürde als dem Menschen inhärente Würde kann im strengen Sinn des Wortes also weder angetastet noch verletzt werden. Man kann sie auch nicht durch eigenes Verhalten oder die äusseren Rahmenbedingungen, unter denen man zu leben gezwungen ist, verlieren. «Auch verhöhnte und verachtete Würde *bleibt Würde*.» (Jüngel, 1997, 25) Verletzbar resp. antastbar ist nur der Anspruch auf Achtung und Respekt, der sich aus der Würde des Menschen ergibt.

Weder fortschreitender Zerfall der eigenen Persönlichkeit, zunehmende körperliche Gebrechlichkeit noch krankheitsbedingtes Leiden beeinträchtigen in irgendeiner Weise die Menschenwürde. Auch ein leidender oder dementer Mensch hat das Recht auf Lebensschutz, Selbstbestimmung und respektvolle Behandlung. Ebenso wenig tangiert verwerfliches menschliches Handeln die inhärente Würde: Ein Schwerverbrecher hat grundsätzlich den gleichen unverlierbaren Anspruch auf Menschenwürde wie ein grosser Wohltäter der Menschheit. Von der Würde des Menschen reden, heisst anerkennen, dass der Mensch einen Wert in sich darstellt, unabhängig davon, ob er eher einen gesellschaftlichen Nutzen oder eine gesellschaftliche Belastung darstellt. Denn das, was die Würde der menschlichen Person ausmacht, liegt in ihrem Eigenwert, der einen unbedingten Anspruch auf Respekt und Anerkennung in sich trägt.

Es liegt auf der Hand, dass dieses Verständnis einer unverlierbaren Menschenwürde von grosser Tragweite für den Umgang mit kranken, leidenden und sterbenden Menschen ist.

2.3. Die schleichende Aushöhlung des Würdeverständnisses

In den westlichen Gesellschaften hat sich allerdings in der jüngsten Vergangenheit eine weitgehend unbemerkte Aushöhlung dieses Würdeverständnisses eingeschlichen. Sie zeigt sich überall dort, wo – ausgesprochen oder unausgesprochen – davon ausgegangen wird, dass die Würde des Menschen nicht mehr bedingungslos allen gleich zukommt. Es wird weithin so geredet, als sei die Würde des Menschen von gewissen inneren Qualitäten oder Fähigkeiten (z. B. von einem gewissen Mass an Rationalität und Selbstachtung) oder vom gesundheitlichen Zustand abhängig. Zwei Beispiele aus neuerer Zeit:

a) Im Jahre 1994 reichte der Schweizer Nationalrat Victor Ruffy eine Motion ein, die die Liberalisierung der aktiven Sterbehilfe verlangte. Er tat dies mit der Begründung, dass es «unheilbare

Krankheiten gibt, welche mit fortschreitender Entwicklung die Würde des Menschen in schwerer Weise beeinträchtigen» (Sterbehilfe, 1999, 8). Er sieht den Wunsch nach Tötung durch einen Arzt als legitim an, eröffnet er doch einem krankheitsbedingt in seiner Würde bereits schwer beeinträchtigten Menschen eine letzte Möglichkeit, rechtzeitig, das heisst noch «in Würde sterben zu können». Auch eine daraufhin vom Eidgenössischen Justiz- und Polizeidepartement eingesetzte Expertenkommission teilte die Auffassung, eine Liberalisierung aktiver Sterbehilfe sei angezeigt, gehe es dabei doch um etwas «so Wesentliches wie den Schutz … der Menschenwürde» (Sterbehilfe, 1999, 35). Gemeint ist offenbar, dass ein rechtzeitig herbeigeführter Tod den Sterbenden davor bewahrt, durch den andernfalls weiter gehenden Krankheitsverlauf seine Würde noch ganz zu verlieren.

b) Im Jahre 2003 veröffentlichte das Gesundheits- und Umweltdepartement der Stadt Zürich *Ethische Richtlinien für die Altersheime der Stadt Zürich*. Ein ausführliches Kapitel im Anhang ist dem Würdeverständnis gewidmet, das künftig in den Zürcher Altersheimen gelten soll (Ethische Richtlinien, 2003, 18–20). Die Ausführungen dieses Kapitels sind in sich widersprüchlich. Dennoch wird die Stossrichtung deutlich. Zu Beginn heisst es – wohl als Konzession an das bisherige traditionelle Würdeverständnis: «Allen Menschen kommt eine unveräusserliche Würde zu.» Im weiteren Verlauf wird diese Aussage dann aber entscheidend eingeschränkt. Es wird nämlich behauptet, «der Begriff der Würde stehe … in enger Beziehung zum Begriff der Selbstachtung» und «bei dementen Menschen sei fraglich, ob sie noch in der Lage sind, sich selbst zu achten». Was hier erst einmal als fraglich erscheint, wird sogleich zugespitzt: «Zumindest demente Personen in einem fortgeschrittenen Stadium ihrer Krankheit haben einfach nicht mehr die geistige Fähigkeit, sich selbst zu achten.» Das führt dazu, «dass es keinen Sinn macht, in Bezug auf hochdemente Menschen von Würde zu sprechen.» Und weiter: «Das an Selbstachtung gebundene Prinzip der Menschenwürde lässt sich nicht auf hochdemente Menschen anwenden.» Doch wie wenn die Verfasser über die Konsequenzen dieser Aussagen selbst erschrocken wären, schwächen sie die gemachte Aussage wieder leicht ab, indem sie es zumindest als «fraglich» ansehen, ob hier von der Menschenwürde gesprochen werden kann. Wären die Verfasser konsequent gewesen, hätten sie die traditionelle Aussage, allen Menschen komme eine unveräusserliche Würde zu, weglassen müssen. Sie hätten ohne Wenn und Aber dazu stehen müssen, dass das Prinzip der unantastbaren Menschenwürde preisgegeben wird, wenn man Würde an das Kriterium der Selbstachtung bindet. Dass der Text abschliessend versichert, es gebe selbstverständlich trotzdem Fürsorgepflichten für demente Menschen und diese dürften nicht in unwürdige Situationen versetzt werden, ändert nichts an der Aushöhlung des klassischen Würdeverständnisses, wie es den Menschenrechten und auch der Bundesverfassung zugrunde liegt.

Beide Beispiele gehen davon aus, dass schwere, unheilbare Krankheitsverläufe (z. B. eine fortschreitende Demenz) die Menschenwürde beeinträchtigen oder aufheben. Angesichts solcher Vorstellungen, die heute weit verbreitet sind, begreift man die Angst vieler Menschen, dass ihnen am Lebensende die Würde verloren gehen bzw. von anderen Menschen abgesprochen werden könnte. Denn Würde ist nach dem neu um sich greifenden Verständnis nicht etwas, das einem Menschen grundsätzlich und bedingungslos zukommt. Sie ist vielmehr das Resultat einer Reihe von Fähigkeiten oder Eigenschaften, die mehr oder weniger (im schlimmsten Falle gar nicht mehr) vorhanden sein können. Dementsprechend beeinträchtigen unheilbare Krankheit und schweres Leiden die menschliche Würde potenziell. Der in der Sterbehilfe-Debatte immer wieder geäusserte Wunsch nach einem Sterben in Würde bzw. das geforderte Recht auf ein Sterben in Würde meint in diesem Zusammenhang eine rechtzeitige Beendigung des Lebens, um einem zunehmend entwürdigenden Krankheitsverlauf zu entgehen.

2.4. Unterscheidung von Lebensqualität und Menschenwürde

Was hier geschieht, ist eine fatale Verwechslung von Lebensqualität und Menschenwürde. Was Lebensqualität genau bedeutet und wie sie sich allenfalls messen lässt, wird unterschiedlich beurteilt. Dabei sind sowohl objektive, messbare Aspekte zu berücksichtigen als auch subjektive Einschätzungen. Bei medizinisch-pflegerischen Entscheidungen sind in der Regel die subjektiven Entscheidungen ausschlaggebend. Entscheidend ist, wie die Patientin selbst ihre Lebensqualität beurteilt.

Eine Umfrage der Schweizerischen Stiftung für Gesundheitsförderung hat ergeben, dass die Schweizer unter Lebensqualität vor allem Gesundheit verstehen. Der objektiv messbare Grad an Gesundheit wird allerdings individuell sehr unterschiedlich gewertet. Was dem einen als ein schreckliches Leben mit geringer Lebensqualität vorkommen mag, kann einem anderen immer noch als ein Leben mit so viel Lebensqualität erscheinen, dass er es dem Tode vorzieht.

Die Frage nach vorhandener (oder eben nicht mehr vorhandener) *Lebensqualität* ist allerdings streng zu unterscheiden von der ganz anderen Thematik der *Würde* eines Menschen. Die Lebensqualität kann durch eine fortschreitende Krankheit oder durch schwierige äussere Lebensbedingungen tatsächlich «in schwerer Weise beeinträchtigt werden». Unter Umständen sogar so sehr, dass eine Patientin am Leben verzweifelt und im Extremfall durch assistierten Suizid (vgl. Kap. 3.2.2.) oder aktive Sterbehilfe (vgl. Kap. 3.2.5.) aus dem Leben scheiden möchte. Das ist nachvollziehbar und verdient unseren vollen Respekt. Die Würde dieser Patientin ist aber auch in einer solchen Situation in keiner Weise angetastet. Sie hat nach wie vor einen in dieser Würde begründeten Anspruch darauf, mit Respekt vor ihrer Person auf eine menschenwürdige Art und Weise behandelt zu werden.

Gerade im medizin- und pflege-ethischen Bereich ist entscheidend: Nur wo die Würde des Menschen als inhärente Wesenswürde seiner Person verstanden und als Eigenwert bedingungslos anerkannt bleibt, ist sichergestellt, dass unsere sozialen Beziehungen und die Kultur unserer medizinischen und pflegerischen Einrichtungen menschenwürdig bleiben. Dabei geht es um «eine Würde, die allem Abbau ... und allem menschlichen Zerfall vorausliegt und von diesen Beeinträchtigungen der menschlichen Autonomie unangetastet bleibt und die kraftvoll Anspruch auf Solidarität der Gesellschaft mit allen Menschen erhebt» (Baumann-Hölzle, 2000, 81).

2.5. Menschenwürdige Begleitung und Behandlung Sterbender

Wenn die Würde im Leiden und Sterben nicht beeinträchtigt werden kann – ist die Forderung nach einem Sterben in Würde dann sinnlos, ja ein Missverständnis? Insofern die Menschenwürde des Leidenden und Sterbenden gemeint ist, ist das tatsächlich der Fall. Das Befreiende am klassischen Verständnis der Menschenwürde liegt gerade darin, dass sich eine alt und pflegebedürftig gewordene oder eine sterbende Person um den Erhalt ihrer Würde und den mit ihr gegebenen Anspruch auf Respekt und menschenwürdige Behandlung keine Sorgen machen muss. Die Menschenwürde ist unverlierbar. Zum Glück!

Nun gibt es allerdings noch eine andere Art von Würde, die man als *kontingente* (also von zufälligen Faktoren abhängige) Würde oder als *Handlungswürde* bezeichnen kann. Wir sagen etwa: Dieser Sportler oder jener Politiker hat sich unwürdig benommen. Oder Amnesty International kritisiert, dass Gefangene in gewissen Haftanstalten menschenunwürdig behandelt werden. Hier wird den Genannten nicht die Menschenwürde abgesprochen; vielmehr wird zum Ausdruck gebracht, dass sie sich anderen Menschen gegenüber so verhalten, dass deren Würde nicht respektiert wird bzw. dass sie nicht ihrer eigenen Würde gemäss handeln. Diese Handlungswürde kann tatsächlich reduziert sein, je nachdem, wie sich jemand benimmt. Wer andere verhöhnt, sie quält oder umbringt, benimmt sich unmenschlich oder menschen-unwürdig, auch wenn damit seine eigene Men-

Der doppelte Würdebegriff

Menschenwürde	**Handlungswürde**
Seinswürde/Wesenswürde/ inhärente Würde jedes Menschen	kontingente, von zufälligen Faktoren abhängige Würde
– seinsmässig vorgegeben – unverlierbar – unantastbar	– ethisch zur Verwirklichung aufgegeben – kann variieren – abhängig von unserem Tun
⇓	⇓
Anspruch auf:	**Verpflichtung** gegenüber anderen zu:

– Schutz des eigenen Lebens
– Autonomie/
  Selbstbestimmung/
  Selbstverantwortung
– Respekt vor der eigenen
  Person
– Menschenrechte
	– Schutz ihres Lebens
	– Anerkennung
	  ihrer Autonomie
	– Respekt vor ihrer Person
	– Gewährung
	  von Menschenrechten

⇒ **menschenwürdige Behandlung** durch andere	⇒ **menschenwürdigem Verhalten** anderen gegenüber

schenwürde und die der von ihm Misshandelten in keiner Weise beeinträchtigt werden.

Versteht man den Ruf nach einem würdigen Sterben auf dem Hintergrund *dieses* Verständnisses von Handlungswürde, so bekommt er seinen guten Sinn. Er enthält dann eine Aufforderung an die Menschen, die einen Kranken, Leidenden oder Sterbenden pflegen und betreuen, dies immer in Respekt vor der Würde und Autonomie des Pflegebedürftigen zu tun. Insofern ist die Forderung eines Sterbens in Würde nicht eine Aufforderung an Leidende und Sterbende, für den Erhalt ihrer Würde selbst Verantwortung zu übernehmen. Sie stellt vielmehr eine Aufforderung an das soziale Umfeld dar, Leidende und Sterbende human, also menschenwürdig zu behandeln. In diesem Sinne – und nur in diesem Sinne! – hat die Rede vom Sterben in Würde ihr begrenztes Recht.

3. Sterbehilfe

3.1. Zur Fragestellung

Sterbehilfe ist ein ethisch und politisch kontroverses, international heftig diskutiertes Thema. Dass Menschen in der Situation von Krankheit, Leiden und Sterben der besonderen Hilfe bedürfen, liegt auf der Hand. Das ethische Prinzip der Solidarität und Fürsorge verpflichtet zu entsprechenden Hilfeleistungen. Die Frage ist bloss, welche Art von Hilfe im Sterbeprozess ethisch angemessen ist. Die Erfolge der modernen Medizin haben diese Fragen noch verschärft: Angesichts der Möglichkeiten, das Leben künstlich zu verlängern, befürchten heute viele, am Lebensende in die Fänge einer medizintechnischen Maschinerie zu geraten, die auch dann noch diagnostisch und therapeutisch weiter läuft, wenn die Patientin eigentlich nur noch sterben möchte. Statt eines Sterbens in Ruhe und Frieden befürchten manche, an zahlreichen Schläuchen und Apparaten angeschlossen einer technischen Verfremdung des Sterbens ausgeliefert zu sein. Darum der Ruf nach Sterbehilfe, nach Hilfe zu einem friedlichen, ‹würdigen› Sterben.

Dazu kommt, dass die heutige Langlebigkeit das Risiko erhöht, im hohen Alter chronisch krank und pflegebedürftig zu werden, vielleicht sogar an einer fortschreitenden Demenz zu leiden. Wäre es da nicht besser, vorher das Leben beenden zu können? Auch auf diesem Hintergrund ist das Thema Sterbehilfe aktuell.

Erschwert wird die Diskussion um Sterbehilfe allerdings nicht nur durch eine mitunter sehr emotional geführte Debatte, sondern auch durch einen unklaren Gebrauch der Begriffe. Manche Diskussionen würden viel gewinnen, wenn die Beteiligten klären würden, was sie mit den Begriffen genau meinen und worin sich die verschiedenen Formen von Sterbehilfe unterscheiden. Darum im Folgenden eine kurze Übersicht und Begriffsklärung.

3.2. Unterschiedliche Formen von Sterbehilfe

Mit dem pauschalen Begriff der Sterbehilfe werden heute ganz verschiedene Handlungen bezeichnet, die sorgfältig zu unterscheiden sind.

3.2.1. Sterbebegleitung

Darunter fällt jede Form von psycho-sozialer Zuwendung, die Sterbenden von Angehörigen, ehrenamtlichen und professionellen Mitarbeitenden entgegengebracht wird, damit sich die Patienten nicht alleingelassen fühlen, damit sie Empathie, Verständnis, pflegerische Hilfe, seelische und spirituelle Unterstützung erfahren. Hierzu zählen auch verschiedenste Aspekte einer palliativen, also nicht mehr auf Heilung, sondern nur noch auf Linderung zielenden Betreuung. Sie ist die allgemeinste Form von Solidarität und Fürsorge, die Sterbenden erwiesen werden kann. Hier geht es nicht darum, den Sterbeprozess zu beschleunigen oder den Tod gezielt herbeizuführen, sondern einen Menschen im Durchstehen des Sterbeprozesses zu unterstützen. Entsprechend ist Sterbebegleitung ethisch wünschbar, ja geradezu eine Verpflichtung, und rechtlich völlig unbedenklich. Hier von Sterbehilfe zu sprechen, ist genau genommen nicht sinnvoll, geht es doch bloss um solidarische Begleitung im Sterbeprozess und nicht um Hilfe zum Sterben. Von Sterbehilfe im präzisen Sinn sollte nur bei den folgenden Handlungen (Absätze 3.2.2., 3.2.3 und 3.2.5.) gesprochen werden.

3.2.2. Suizidbeihilfe

Bei der Suizidbeihilfe schaffen Sterbehelfer für einen Suizidwilligen Rahmenbedingungen, damit dieser seinem Leben durch Suizid selbst ein Ende bereiten kann. Hier geht es um Beratung über Möglichkeiten der Ausführung, um Hilfe bei der Beschaffung des Mittels zur Tötung, um persönliche Begleitung beim Vollzug des Suizides sowie gegebenenfalls um das Zur-Verfügung-Stellen entsprechender Räumlichkeiten. Spezialisiert auf

Suizidbeihilfe sind spezielle Sterbehilfe-Organisationen wie EXIT oder DIGNITAS. Je nach dem, wie jemand den Suizid moralisch bewertet, wird Suizidbeihilfe als vertretbar oder als verwerflich angesehen. Rechtlich ist Suizidbeihilfe in der Schweiz gestattet, wenn dabei keine eigennützigen Motive im Spiel sind (Strafgesetzbuch Art. 115).

3.2.3. Passive Sterbehilfe

Unter passiver Sterbehilfe versteht man den Verzicht auf lebensverlängernde Massnahmen oder, falls solche bereits eingeleitet wurden, deren Abbruch. Das Ziel ist, dem Sterbeprozess nichts mehr entgegenzusetzen, sondern ihm seinen Lauf zu lassen. Mit lebensverlängernden Massnahmen sind medizinische Eingriffe wie künstliche Beatmung, Reanimation, Antibiotika-Therapie oder künstliche Ernährung gemeint. Wenn der Sterbeprozess unaufhaltbar erscheint und wenn der Patient es wünscht, ist passive Sterbehilfe moralisch zulässig, ja geradezu gefordert. Es widerspricht dem Autonomie-Anspruch eines Sterbenden, gegen seinen Willen weiter behandelt und künstlich am Leben erhalten zu werden. «Wo die ethisch an sich gebotene Lebensverlängerung in Sterbeverlängerung umschlägt, ist die Grenze des ethisch Vertretbaren an kurativer Therapie erreicht» und der Weg passiver Sterbehilfe im Sinne eines Sterben-Lassens gewiesen (Körtner, 2004, 204). Rechtlich bewegt sich passive Sterbehilfe in der Schweiz in einer Grauzone, ist aber nicht verboten.

3.2.4. Indirekte (oder: indirekt-aktive) Sterbehilfe

Diese Form von Sterbehilfe bezeichnet Massnahmen der Schmerzbekämpfung, bei denen ein doppelter Ausgang in Kauf genommen wird: Angestrebt wird zwar die Schmerzbekämpfung. Diese erfordert aber Medikamente in einer so hohen Dosierung, dass nicht ausgeschlossen werden kann, dass sie zu einer Beschleunigung des Todeseintritts führen. Auch hier gilt: Wenn ein Sterbender es so wünscht, ist diese Form von Schmerzbekämpfung ethisch zulässig. Die neuen *Medizinisch-*

ethischen Richtlinien der Schweizerischen Akademie der Medizinischen Wissenschaften (SAMW) *zur Betreuung von Patienten am Lebensende* (2004) halten fest: «Der Arzt ist verpflichtet, Schmerzen und Leiden zu lindern, auch wenn dies in einzelnen Fällen zu einer Beeinflussung der Lebensdauer führen sollte.» (Pkt. 3.1.) Rechtlich bewegt sich die indirekte Sterbehilfe ebenfalls in einer nicht geregelten Grauzone, ist aber ebenso wenig verboten wie die passive Sterbehilfe. Da die Absicht dieser palliativen Massnahme nur in einer Linderung von Symptomen, nicht aber in der Hilfe zum Sterben besteht, ist es auch hier genau genommen nicht sinnvoll, von Sterbehilfe zu sprechen.

3.2.5. Aktive Sterbehilfe: Tötung auf Verlangen

Von den bisherigen Formen der Sterbehilfe klar zu unterscheiden ist die aktive Sterbehilfe, bei der in der Regel ein Arzt oder eine Ärztin einen Sterbewilligen auf dessen eindringliches Verlangen hin aus Mitleid tötet, um ihn so von seinem Leiden zu erlösen. Über die moralische Zulässigkeit dieser Form von Sterbehilfe ist derzeit international eine kontroverse ethische Diskussion im Gange. Rechtlich ist sie in den meisten Ländern verboten (Ausnahmen: z. B. die Niederlande, Belgien oder der US-Bundesstaat Oregon), so auch in der Schweiz (Strafgesetzbuch Art. 114).

3.2.6. Tötung ohne ausdrückliches Verlangen des Patienten

Von der eigentlichen aktiven Sterbehilfe, die immer von einem eindringlichen Wunsch der leidenden Person ausgeht (und in diesem Sinne als *freiwillig* beanspruchte Sterbehilfe zu bezeichnen ist), sind diejenigen Fälle zu unterscheiden, in denen ein Arzt oder eine Pflegeperson einen Menschen ohne dessen ausdrückliches Verlangen tötet. Geschieht dies in der Meinung, der betreffenden Person damit etwas Gutes zu tun, nämlich sie von einem Leben zu erlösen, dessen Lebensqualität dem Tötenden unerträglich erscheint, spricht man manchmal von *nicht freiwilliger* Sterbehilfe. Noch einen Schritt weiter geht eine Tötung,

Formen der Sterbehilfe

1. **Sterbebegleitung** (psycho-soziale Umsorgung, Palliativ-Massnahmen)
   - *moralisch/ethisch: geboten*
   - *rechtlich: erlaubt*

2. **Suizidbeihilfe** (z. B. durch EXIT oder DIGNITAS)
   - *moralisch/ethisch: umstritten (je nach Einstellung zum Suizid)*
   - *rechtlich: erlaubt (sofern uneigennützig)*
   - *standesethisch für Ärzte und Ärztinnen: gehört nicht zur ärztlichen Tätigkeit; ist aber allenfalls als individueller Gewissensentscheid zu respektieren*

3. **Passive Sterbehilfe** (Behandlungsverzicht oder -abbruch, Sterbenlassen)
   - *moralisch/ethisch: erlaubt bzw. gefordert*
   - *rechtlich: nicht geregelt*
   - *standesethisch für Ärzte und Ärztinnen: erlaubt, gefordert, gehört zur guten klinischen Praxis*

4. **Indirekte Sterbehilfe** (Schmerzbekämpfung mit Todesrisiko; Handlung mit doppeltem möglichem Ausgang)
   - *moralisch/ethisch: erlaubt bzw. gefordert*
   - *rechtlich: nicht geregelt*
   - *standesethisch für Ärzte und Ärztinnen: erlaubt, gefordert, gehört zur guten klinischen Praxis*

5. **Aktive Sterbehilfe** (‹freiwillige›, d. h. vom Patienten erbetene Tötung)
   - *moralisch/ethisch: umstritten*
   - *rechtlich: verboten*

6. **Tötung** (‹nicht freiwillige›/‹unfreiwillige›, d. h. vom Patienten nicht erbetene Tötung)
   - *moralisch/ethisch: abzulehnen*
   - *rechtlich: verboten*

wenn sie klar gegen den Willen der betroffenen Person erfolgt. In diesem Fall spricht man von *unfreiwilliger* Sterbehilfe. Weil der ausdrückliche Wille der Patientin bei nicht freiwilliger und bei unfreiwilliger Sterbehilfe fehlt, sollte man hier eigentlich nicht mehr von Sterbe*hilfe* sprechen, sondern sachgemässer von Tötung reden. Beispiele hierfür sind die im September 2001 bekannt gewordenen Tötungsfälle des Pflegefachmanns Roger A. in der Innerschweiz oder die 2004 an die Öffentlichkeit gelangten Fälle von Tötungen durch einen Pfleger im bayerischen Sonthofen. In die Kategorie ‹Tötung› gehört auch, was im Sommer 2003 eine internationale, Länder vergleichende Studie über die Art des Mitwirkens von Ärztinnen und Ärzten beim Sterben ihrer Patientinnen und Patienten an den Tag gebracht hat (van der Heide, 2003; Faisst u. a., 2003): Ihr zufolge bewegt sich die Schweiz im europäischen Mittelfeld, was die Praxis von Ärzten betrifft, Patienten auch ohne deren ausdrückliche Willensbekundung zu töten. Aus ethischer Sicht ist diese Form von Sterbehilfe entschieden abzulehnen; rechtlich ist sie verboten.

Ausserhalb der Schweiz, insbesondere im angelsächsischen Raum, wird Sterbehilfe häufig mit dem Begriff der Euthanasie bezeichnet.

3.3. Zentrale Fragen in der heutigen Debatte um Sterbehilfe

In der laufenden Debatte um Sterbehilfe stellen sich zentrale ethische Fragen. Die wichtigsten möchte ich als Anregung zum eigenen Nachdenken und zur Diskussion in Gruppen herausgreifen:

a) Grundsätzlich stellt jeder Sterbewunsch eines Menschen die, die ihn begleiten, in die Spannung zwischen zwei gleichermassen verbindliche ethische Prinzipien, die miteinander in Konflikt geraten können: das der *Fürsorge* (nicht schaden, Gutes tun) und das der *Autonomie* (Respekt vor dem Willen des Patienten; vgl. Anhang 1). Tue ich einem Menschen, der sich umzubringen versucht hat, etwas Gutes, wenn ich ihn ins Leben zurückhole? Oder sollte ich seinen Suizidwillen akzeptieren und ihn sterben lassen? Aber ist sein Wunsch zu sterben wirklich Ausdruck seines wohlüberlegten autonomen Willens? Ist er vielleicht nicht eher ein Hilfeschrei, Ausdruck seiner Krankheit (z. B. einer Depression) oder ungenügender Betreuung (z. B. mangelnder Schmerztherapie)? In diesem Fall könnte sein Suizidwunsch möglicherweise durch geeignete Massnahmen überwunden und damit sein Lebenswille wieder gestärkt werden. Dann aber müsste gerade ein Sterbewilliger in besonderer Weise geschützt werden, allenfalls auch vor sich selbst und seinem (vorübergehenden?) Sterbewunsch.

b) Ist es bei der Suizidbeihilfe für die Ärzte und Pflegenden, die für eine suizidwillige Person verantwortlich sind, angemessen, selbst eine solche Suizidbeihilfe zu leisten? Oder kommt es hier zu einem unguten Rollenkonflikt? In ihren *Medizinisch-ethischen Richtlinien zur Betreuung von Patienten am Lebensende* hält die Schweizerische Akademie der Medizinischen Wissenschaften fest, dass die Beihilfe zum Suizid grundsätzlich nicht Teil der ärztlichen Tätigkeit ist und deswegen auch von keinem Patienten eingefordert werden kann (Pkt. 4.1.). Es stellt sich die Frage, ob es nicht sinnvoller ist, diese Art von Sterbehilfe spezialisierten Sterbehilfe-Organisationen wie EXIT oder DIGNITAS zu überlassen. Die *Medizinisch-ethischen Richtlinien zur Behand-*

lung und Betreuung von älteren, pflegebedürftigen Menschen der SAMW nennen bestimmte Schutzpflichten, die Pflegeinstitutionen wahrnehmen müssen, falls sie Suizidbeihilfe in ihren Räumen zulassen. Dazu gehört sicherzustellen, dass der Suizidwillige urteilsfähig ist, dass der Suizidwunsch nicht auf äusseren Druck oder mangelnde Betreuung zurückzuführen ist und dass die Gefühle der Mitbewohner ernst genommen werden. Zudem wird festgehalten, dass zur Vermeidung von Interessenkonflikten und «aus Rücksichtnahme auf die übrigen Bewohner der Institution das Personal einer Institution der Langzeitpflege zu keinem Zeitpunkt an der Durchführung eines Suizids mitwirken soll.» (Pkt. III.5.)

c) Aufgrund der im Vergleich mit Nachbarländern sehr liberalen Regelung der Suizidbeihilfe in der Schweiz ist ein eigentlicher ‹Sterbetourismus› entstanden: Sterbewillige reisen aus dem Ausland z. B. nach Zürich in eine von einer Sterbehilfeorganisation zur Verfügung gestellte Wohnung, setzen ihrem Leben hier ein Ende und werden einige Tage später im Sarg wieder in ihr Heimatland gefahren. Ist dies wünschbar? Und müsste die öffentliche Hand nicht mindestens klare Bedingungen und Qualitätsstandards für offiziell tätige Sterbehilfeorganisationen erlassen, deren Wirken vielleicht sogar gesetzlich regeln, um Missbräuchen vorzubeugen?

d) Es gilt heute als anerkannter Grundsatz, dass lebensverlängernde Massnahmen nicht gegen den Willen einer Patientin durchgeführt werden dürfen. Das setzt allerdings voraus, dass Ärzte, Pflegende und Angehörige zwischen ihren eigenen Wünschen und dem Willen der Sterbenden unterscheiden können und letzterem klar den Vorrang einräumen. Wie kann sichergestellt werden, dass dieser Grundsatz in der Praxis überall durchgesetzt wird? Und wie lernen Ärztinnen, den Zeitpunkt festzustellen, in dem es gilt, auf lebensverlängernde Massnahmen zu verzichten, weil sie nur das Sterben verlängern würden? Wie bestimmen sie den Moment, in dem von kurativer, auf Heilung zielender Behandlung auf palliative, an Linderung orientierte Behandlung umgestellt werden soll?

e) Äusserst kontrovers wird heute darüber diskutiert, ob aktive Sterbehilfe, also Tötung auf Verlangen, in einzelnen Extremfällen als ethisch zulässig erachtet und rechtlich gestattet werden soll, wie dies etwa in den Niederlanden der Fall ist. Ist es nicht angezeigt, den Willen schwer leidender, unheilbar kranker Menschen zu respektieren und ihnen weiteres Leiden zu ersparen? Umgekehrt wird gefragt: Wird hier nicht eines der letzten Tabus, das Töten eines anderen Menschen, gebrochen, was einen Dammbruch beim Prinzip des Lebensschutzes bedeuten könnte? Erfahrungen aus den Niederlanden zeigen, dass der Schritt zur Tötung von Patienten auch ohne deren ausdrücklichen Willen nicht mehr weit ist – eine Praxis, die es unter der Hand auch in der Schweiz gibt (vgl. Faisst u. a., 2003). Ist dieser Preis nicht zu hoch, wenn man bedenkt, dass aktive Sterbehilfe ohnehin nur für ganz wenige Menschen ein letzter Ausweg wäre (nämlich für die, die nicht mehr in der Lage sind, von einem begleiteten Suizid Gebrauch zu machen)? Andrerseits hat es in unserer Gesellschaft wohl schon immer inoffizielle Möglichkeiten gegeben, Sterbenden zu einem raschen Tod zu verhelfen. Wie immer man argumentiert, man kommt nicht vorbei am Konflikt «zwischen dem Selbstbestimmungsrecht des Patienten, der Fürsorgepflicht des Arztes und dem Menschenrecht auf Leben, aus welchem das gesetzlich verankerte Verbot jeder absichtlichen Tötung folgt» (Körtner, 2001, 135).

f) Viel gravierender als eine allfällige Liberalisierung aktiver Sterbehilfe scheint mir allerdings, dass sich – weithin unbemerkt und ohne öffentliche Diskussion – ein Würdeverständnis breit macht, das, wie oben dargelegt, fortschreitende Krankheit mit Würdeverlust gleichsetzt. Dieses Verständnis legt den Gedanken nahe, es könnte angezeigt sein, dem eigenen, von Krankheit und Leiden gezeichneten und auf Fremdpflege angewiesenen Leben durch aktive Sterbehilfe oder begleiteten Suizid vorzeitig ein Ende zu setzen, bevor die eigene Würde noch weiter beeinträchtigt wird (vgl. die Argumentation im Bericht der Arbeitsgruppe *Sterbehilfe* des EJPD, oben Kap. 2.3.). Hier bricht ein Grundpfeiler humaner Pflege- und Sterbekultur ein: Eine Diskussion über das dem Gesundheitswesen zugrunde liegende und die Arbeit von Ärzten und Pflegenden leitende Würdeverständnis scheint mir dringlich. Für eine Liberalisierung aktiver Sterbehilfe können durchaus bedenkenswerte Argumente ins Feld geführt werden. Das Argument jedoch, aktive Sterbehilfe könne und solle einem fortschreitenden Würdeverlust Einhalt gebieten, darf auf keinen Fall akzeptiert werden. Der Preis dafür wäre zu hoch und die Konsequenzen eines solchen Würdeverständnisses – insbesondere für den Bereich der Langzeitpflege – wären fatal. Darum ist an den neuen *Medizinisch-ethischen Richtlinien zur Behandlung und Betreuung von älteren, pflegebedürftigen Menschen* der SAMW streng festzuhalten: «Der Anspruch auf Respektierung der Menschenwürde und Autonomie gilt uneingeschränkt für alle Menschen.» (Pkt. 3.1.)

4. Autonomie-Anspruch

4.1. Das Autonomie-Prinzip: Die Forderung nach informierter Zustimmung

Neben dem bereits erwähnten ethischen Prinzip der Fürsorge (Gutes tun, nicht schaden) ist ein anderes Prinzip für medizinisches, pflegerisches und betreuendes Handeln zentral: das *Autonomie-Prinzip*, das besagt, dass jeder Mensch selbstverantwortlich und selbstbestimmt leben darf (vgl. Anhang 1). Im medizinisch-pflegerischen Bereich hat dies zu der grundlegenden Forderung geführt, dass Behandlungen nur dann rechtmässig sind, wenn sie mit der *informierten Zustimmung* der betroffenen Person erfolgen. Die *Richtlinien zur Behandlung und Betreuung von älteren, pflegebedürftigen Menschen* der SAMW formulieren: «Die ältere, pflegebedürftige Person hat Anspruch, durch den Arzt, die zuständige Person der Pflege oder den Therapeuten über vorgesehene diagnostische, präventive, pflegerische oder therapeutische Massnahmen informiert zu werden, damit sie den Massnahmen frei und aufgeklärt zustimmen kann.» (Pkt. 3.5.) Weiter: «Ärzte, Pflegende und Therapeuten dürfen eine Massnahme nur mit der freien Einwilligung der urteilsfähigen, informierten älteren Person durchführen. Lehnt eine urteilsfähige, ältere Person die ihr vorgeschlagenen Massnahmen ab, nachdem sie über diese und die möglichen Folgen der Ablehnung informiert worden ist, so haben der Arzt und das Pflegepersonal diesen Entscheid zu respektieren.» (Pkt. 3.6.)

Ähnlich verhält es sich mit dem Recht auf Risiko-Verhalten. Urteilsfähigen Bewohnern eines Pflegeheimes steht es grundsätzlich zu, Sicherheitsvorkehrungen, die ihren Bewegungsraum einschränken würden, abzulehnen und zum Beispiel freie Mobilität zu leben, selbst wenn damit die Gefahr eines Sturzes oder Unfalls verbunden ist.

Dadurch soll die Würde jeder Person respektiert, ihre Selbstbestimmung ernst genommen und ihre Eigenverantwortung gestärkt werden. Die Macht der Ärzteschaft und der Pflege wird dadurch begrenzt: Sie sollen über das Leben eines auf Hilfe angewiesenen Menschen nicht verfügen (auch nicht mit den allerbesten Absichten!), sondern ihm dienen.

Jeder Mensch hat den grundsätzlichen *Anspruch*, in seiner Würde und *Autonomie* geachtet zu werden.

4.2. Autonomie als Prozess im Dialog mit dem sozialen Umfeld

Nun ist es, wie wir wohl alle aus eigener Erfahrung wissen, gar nicht immer so einfach, klar zu entscheiden, was man eigentlich will. Gerade in schwierigen Situationen, z. B. in existenziellen Krisen oder bei schweren gesundheitlichen Problemen, tun wir uns oft schwer mit Entscheidungen. Wir sind hin und her gerissen zwischen verschiedenen Möglichkeiten, entscheiden heute so, morgen anders … Wir müssen erst herausfinden, was wir wollen, was uns entspricht. Dabei haben die körperliche und seelische Verfassung wesentlichen Einfluss auf unsere Willensbildung.

Autonomie ist daher ein Anspruch, der zugleich verlangt, dass Behandelnde und Betreuende, Angehörige und Freunde in einem feinfühligen Dialogprozess einer kranken oder sterbenden Person helfen, ihren ureigensten Willen allererst herauszufinden.

Dabei braucht es manchmal Geduld, Meinungsänderungen verständnisvoll hinzunehmen und im fortgesetzten Gespräch die Möglichkeit zu schaffen, dass sich jemand ein begründetes Urteil bilden kann, zu dem er oder sie dann auch stehen kann.

Dieser Prozess wird durch mancherlei Faktoren erschwert: Wer ein Leben lang gelernt hat, seinen eigenen Willen *nicht* zu äussern und keine Ansprüche zu stellen, um nur ja niemandem zur Last zu fallen und mit niemandem in Konflikt zu geraten, der wird sich auch im Alter oder beim Sterben schwer tun damit, seine Autonomie wahrzunehmen und seinen wirklichen Willen zu äussern. Das zeigt sich zum Beispiel bei einer betagten Patientin, die jahrzehntelang die Rolle der Ehefrau gespielt hat, die tut, was ihr Mann für richtig hält. Wie soll sie sich am Ende ihres Lebens im Blick etwa auf lebensverlängernde Massnahmen ein eigenes, autonomes Urteil bilden? Hier kann ein absolut gesetztes Autonomie-Prinzip zur Überforderung werden. Ebenso bei Menschen, die sich aus einer Abwehrhaltung heraus weigern, ihre Situation realistisch wahrzunehmen, oder bei Patienten, die sich aus schierer Schwäche und Hilflosigkeit nicht mehr in der Lage fühlen, im Sinne autonomer, informierter Zustimmung zu entscheiden.

Die *Richtlinien zur Behandlung und Betreuung von älteren, pflegebedürftigen Menschen* der SAMW unterscheiden darum zu Recht zwischen dem absoluten, immer gültigen Autonomie-*Anspruch* und den konkreten Autonomie-*Fähigkeiten*, die begrenzt sein können. Aufgabe der Behandelnden und Betreuenden ist es, einem betroffenen Menschen im mitfühlenden, beratenden Gespräch zu möglichst umfassender Autonomie-Fähigkeit zu verhelfen. Die Richtlinien betonen: «Eingeschränkte Autonomiefähigkeiten, welche mit zunehmendem Alter häufiger werden und das Gleichgewicht zwischen den abhängigen und unabhängigen Seiten bei einem Menschen stören, heben den *Anspruch* auf Respektierung seiner Würde und Autonomie nicht auf. Deshalb sind verbindliche Entscheidungsverfahren und Strukturen erforderlich, die einen Entscheidungsprozess unter Berücksichtigung der Selbstbestimmung und Würde des älteren Menschen ermöglichen. Dabei soll besonders darauf geachtet werden, dass die ältere Person … den Umständen entsprechend ausreichend Zeit für wichtige Entscheidungen hat und dass sie Entscheidungen ohne Druck fällen kann.» (Pkt. 3.1.)

Damit ist nicht gesagt, dass jemand zu einer autonomen Willensbildung gezwungen werden kann und soll. Es besteht auch das Recht, sich dem Urteil anderer Personen, etwa demjenigen einer Ärztin oder eines Angehörigen, anzuvertrauen. Wo die Autonomie-Fähigkeit abnimmt, ist es Aufgabe des Behandlungs- und Betreuungsteams, eine Person in der Wahrnehmung ihres Autonomie-Anspruchs zu unterstützen und zu ermutigen; wo dies an offensichtliche Grenzen stösst, werden stellvertretende Entscheide im wohlverstandenen Interesse der betroffenen Person, das heisst in ihrem Sinn und zu ihrem Wohl, unumgänglich.

4.3. Die Frage nach dem mutmasslichen Patientenwillen

Der Anspruch auf Respektierung der Autonomie eines Menschen gilt auch dann noch, wenn jemand, z. B. durch eine fortschreitende Demenz, urteilsunfähig geworden ist, das heisst er oder sie nicht mehr in der Lage ist, für sich selbst zu entscheiden. Auch in einer solchen Situation steht es Ärzten, Pflegenden und Angehörigen nicht zu, nach ihrem eigenen Gutdünken mit der auf Hilfe angewiesenen Person zu verfahren. Dann geht es darum herauszufinden, was wohl der *mutmassliche* Wille der betroffenen Person wäre, wenn sie sich jetzt überlegt äussern könnte.

Dieser mutmassliche Wille einer Person kann nur im gemeinsamen Gespräch aller an der Betreuung beteiligten Personen bestimmt werden. Bestimmend können dabei sein: frühere Äusserungen des Patienten aus der Zeit, da er noch urteilsfähig war; nonverbale Signale des Patienten, die in der Pflegebeziehung wahrgenommen werden; Aussagen einer Patientenverfügung (siehe nächstes Kapitel); Hinweise von Angehörigen über die generelle Einstellung oder frühere Entscheidungen des Patienten. Nach den genannten SAMW-Richtlinien zum Umgang mit älteren Menschen gilt: «Jeder Entscheid soll sich am mutmasslichen

Willen der urteilsunfähigen, älteren Person orientieren und in ihrem besten Interesse getroffen werden.» (Pkt. 3.7.)

4.4. Patientenverfügungen

Patientenverfügungen sind Verfügungen, durch die eine urteilsfähige Person festhält, was im Fall, dass sie krankheitsbedingt nicht mehr in der Lage sein sollte, selber für sich zu entscheiden, als ihr Wille zu gelten habe.

Zur Verbindlichkeit solcher Verfügungen halten verschiedene neuere *Richtlinien* der SAMW fest: «Patientenverfügungen sind zu befolgen, solange keine konkreten Anhaltspunkte dafür bestehen, dass sie dem derzeitigen Willen der betreffenden Person nicht mehr entsprechen» (Behandlung älterer Menschen 2004, Pkt. 3.7.; Betreuung am Lebensende 2004, Pkt. 2.2.). Gibt es solche Anhaltspunkte oder eine entsprechende mündliche Äusserung der Verfasserin der Patientenverfügung gegenüber einem Arzt, einer Pflegenden oder gegenüber Angehörigen, gilt die neuste, geänderte Willensbekundung.

Patientenverfügungen können sowohl zur *Abwehr* von Behandlungsmassnahmen dienen, die eine Patientin nicht wünscht, als auch zur *Einforderung* von möglichst weitgehenden Behandlungsleistungen. Dieses Einfordern therapeutischer Massnahmen steht einem Patienten jedoch nur im Rahmen der gängigen medizinischen und pflegerischen Standards und des rechtlich Erlaubten zu. Sie setzt eine umfassende Aufklärung durch die behandelnden Ärzte voraus.

Für die Erstellung einer Patientenverfügung besteht keine rechtliche Formpflicht, ausser dass die Identität der Verfasserin klar aus der Verfügung hervorgehen und das Dokument von ihr datiert und eigenhändig unterschrieben sein muss. Patientenverfügungen können kürzer oder länger sein, von Hand oder mit der Maschine geschrieben, selbst verfasst oder als vorgedrucktes Formular ausgefüllt werden. Sie können mehr oder weniger Fragen regeln. Im Anhang finden sich eine Liste mit Punkten, die in einer Patientenverfügung angesprochen werden können (vgl. Anhang 2), sowie eine Zusammenstellung in der Schweiz erhältlicher Patientenverfügungen (vgl. Anhang 3). Es empfiehlt sich, eine Patientenverfügung ungefähr alle zwei Jahre neu zu datieren und zu unterschreiben.

4.5. Die Spannung zwischen Fürsorge- und Autonomie-Prinzip

Das Fürsorge- und das Autonomie-Prinzip sind beide gleichermassen grundlegend und verbindlich. Geht es beim *Fürsorge*-Prinzip um die Verpflichtung, jemand anderem Gutes zu tun, so stellt sich die Frage, was denn für den anderen das erstrebenswerte Gute sei. Darauf antwortet das *Autonomie*-Prinzip mit dem Hinweis: Gut ist für den anderen in der Regel nur das, was er oder sie selber als gut empfindet – und das muss durchaus nicht mit dem identisch sein, was zum Beispiel ein Arzt für seinen Patienten am besten findet. Was für jemanden gut ist, steht nicht objektiv fest, sondern muss diese Person für sich selber bestimmen.

Insofern orientiert sich das Fürsorge-Prinzip am Autonomie-Prinzip. Ärztinnen und Pflegende sind demnach nicht befugt, einem Patienten etwas ihrer fachlichen Meinung nach Gutes zu tun, wenn dieser das nicht will. Sonst käme es zu einer Art ‹Zwangsbeglückung›, die inakzeptabel ist.

Zu Spannungen kann es kommen, wenn ein Patient medizinische oder pflegerische Massnahmen ablehnt, von denen Ärzte und Pflegende (oder Angehörige) überzeugt sind, dass sie sachlich notwendig sind und im Sinne des Fürsorge-Prinzips durchgeführt werden sollten. Hier gilt es im Gespräch sorgfältig abzuklären, um welche Art von Verweigerung es sich handelt. Vielleicht beruht die Verweigerung nur auf mangelnder Aufklärung über Art und Wirkung der Massnahmen; dann kann die Verweigerung bei entsprechender Information relativ leicht überwunden werden. Vielleicht lehnt eine Heimbewohnerin oder ein Spitalpatient eine Massnahme gar nicht grundsätzlich ab, sondern will bloss nicht, dass sie auf eine bestimmte Weise, zu einem bestimmten Zeitpunkt oder von einer bestimmten Person durchgeführt wird. Auch hier dürften sich mit gutem Willen und Flexibilität Lösungen finden lassen, die der Fürsorgeverpflichtung der Betreuenden und dem Autonomieanspruch der betroffenen Person Rechnung tragen. Schwieriger wird es, wenn jemand eine von Fachpersonen oder Angehörigen für unbedingt nötig erachtete Massnahme grundsätzlich ablehnt. Tut er dies in einem Zustand unzureichender Urteilsfähigkeit, beispielsweise unter dem Einfluss einer schweren psychischen Erkrankung, kann im äussersten Notfall auch gegen den Willen dieser Person in fürsorglicher Verantwortung für sie gehandelt werden. Voraussetzung ist, dass dies letztlich in ihrem eigenen, wohlverstandenen Interesse geschieht (etwa wenn man depressive Suizidgefährdete hindert, sich ein Leid anzutun), oder dass damit dem berechtigten Anspruch auf Schutz von Drittpersonen Rechnung getragen wird (etwa bei aggressiven Patienten).

Grundsätzlich gilt aber, dass sich das Fürsorge-Prinzip am Autonomie-Prinzip orientiert und die letzte Entscheidung über eine Behandlung bei der betroffenen Person liegt, nicht beim ärztlichen oder pflegerischen Fachpersonal und dessen professioneller Überzeugung, was in einer bestimmten Situation zu tun sei.

5. Sterbebegleitung

In Würde alt werden, gepflegt werden oder sterben heisst die entsprechende Lebensphase in einem sozialen Umfeld (gesellschaftlich, familiär, im Spital oder Heim) verbringen können, in dem man von den andern human, menschenwürdig, das heisst mit Respekt vor der eigenen Würde (im Sinne der unverlierbaren Menschen- oder Wesenswürde) behandelt wird.

Ein paar wesentliche Aspekte einer solchen Sterbebegleitung seien abschliessend kurz angetönt – exemplarisch und ohne jeden Anspruch auf Vollständigkeit, als Anregung zum eigenen Weiterdenken. Hilfreiche Anregungen dazu finden sich in dem Text *Protection of the human rights and dignity of the terminally ill and the dying* (Empfehlung 1418 zum Schutz der Menschenrechte und der Menschenwürde von Todkranken und Sterbenden), die die Versammlung des Europarates 1999 verabschiedete (abgedruckt in: Mettner & Schmitt-Mannhart, 2003, 359–364).

5.1. Den Tod nicht verdrängen

Soll in unserer Gesellschaft eine neue Kultur der Solidarität und des würdevollen Umgangs mit Sterbenden entstehen, ist eine der zentralen Voraussetzungen, dass wir den Tod bzw. das Sterben als zum Leben gehörende Realität nicht verdrängen. Das schliesst ein, dass wir das Thema nicht tabuisieren, dass wir es nicht peinlich verschweigen oder ihm aus dem Wege gehen. Im Gegenteil: Es dient dem Leben allgemein und dem Sterben im Besonderen, wenn wir den Tod wieder zu einem normalen, zentralen Lebensthema machen. Es geht darum, wieder zu lernen, dass uns gerade das Bewusstsein unserer Sterblichkeit dazu anleiten kann, jeden Augenblick des Lebens umso bewusster zu geniessen und umso verantwortlicher zu nutzen.

Den Tod nicht verdrängen heisst auch, im Kontakt mit Sterbenden nicht tun, als käme schon alles wieder gut und sei die Situation noch lange nicht derart ernst. Solche Ausflüchte trösten nicht, sondern verunmöglichen nur eine ernsthafte Auseinandersetzung mit dem Sterben. Auch wenn es Mut braucht: Es lohnt sich, dem Thema nicht auszuweichen und ihm gemeinsam mit der direkt betroffenen Person standzuhalten. Dabei bedarf es des Fingerspitzengefühls, den richtigen Zeitpunkt und den richtigen Ton zu finden, dieses Thema anzusprechen. Ärztinnen und Ärzte sind hier besonders gefordert. Sie haben die Pflicht, ihre Patienten grundsätzlich realitätsgerecht zu informieren. Die Empfehlung des Europarats unterstreicht mit gutem Grund «das Recht einer todkranken oder sterbenden Person auf wahrheitsgetreue und umfassende, aber zugleich mitfühlend vermittelte Information über ihren Gesundheitszustand, wobei auch der Wunsch einer Person, nicht informiert zu werden, zu respektieren ist.» (Pkt. 9.b.i)

Zum Ernstnehmen des Sterbens gehört zweifellos auch, dass in Heimen und Spitälern Möglichkeiten geschaffen werden, die es allen Beteiligten erleichtern, angemessen voneinander Abschied zu nehmen. Die bewusste Pflege einer entsprechenden Abschieds- und Sterbekultur ist in jüngster Zeit an vielen Orten als Aufgabe erkannt und mit grossem Engagement aufgegriffen worden.

5.2. Kompetente fachliche Betreuung

Kranke und sterbende Menschen haben ein Anrecht auf kompetente fachliche Betreuung und Behandlung (vgl. Die Würde des sterbenden Menschen, 2003, 428–433). Es ist immer wieder festgestellt worden, dass gerade chronisch kranke Menschen in Institutionen der Langzeitpflege häufig nicht die Behandlung bekommen, die angezeigt wäre: Ungenügende Schmerzbekämpfung, Mangelernährung, unbehandelte Depressionen beeinträchtigen nachhaltig die Lebensqualität. Die *Medzinisch-ethischen Richtlinien zur Behandlung und Betreuung von älteren, pflegebedürftigen Menschen* der SAMW halten demgegenüber fest: «Ältere, pflegebedürftige Menschen haben bis an ihr Lebensende Anspruch auf eine angemessene Behandlung und Betreuung. Alter und Pflegebedürftigkeit einer betreuten Person dürfen nicht zu einer Vorenthaltung indizierter Massnahmen führen.» (Pkt. 2.1.)

Zu einer kompetenten Betreuung gehört auch die sorgfältige Abwägung, wann *kurative*, am Ziel der Heilung orientierte therapeutische Massnahmen aufgegeben und durch *palliative*, nur noch auf Linderung zielende Massnahmen ersetzt werden sollen. Der Entwurf von *Richtlinien zur Betreuung von Patienten am Lebensende* der SAMW formuliert: «Patienten in der letzten Lebensphase haben ein Anrecht auf palliative Betreuung. Diese umfasst alle medizinischen Behandlungen, pflegerische Interventionen sowie die psychische, soziale und seelsorgerliche Unterstützung von Patienten und Angehörigen, welche darauf abzielen, Leiden zu lindern und die bestmögliche Lebensqualität zu gewährleisten. Im Zentrum der Bemühungen des Betreuungsteams steht eine wirksame Symptomtherapie, das Eingehen auf Nöte sowie die Verfügbarkeit und die Begleitung für den Patienten und seine Angehörigen.» (Pkt. 3.1.)

Eine angemessene Betreuung einer sterbenden Person wird immer im Auge behalten müssen, dass Sterben ein komplexer Vorgang ist und Sterbende darum auf verschiedenen Ebenen Unterstützung brauchen:

– Auf der *physischen* Ebene ist kompetente medizinisch-pflegerische Hilfe gefragt, die ihr Augenmerk vor allem auf die Schmerzbekämpfung und Symptomlinderung richtet.
– Auf der *sozialen* Ebene geht es darum, allen Betroffenen zu ermöglichen, auf eine ihnen angemessene Weise voneinander Abschied zu nehmen.
– Auf der *biographisch-spirituellen* Ebene haben Sterbende Anspruch darauf, in einfühlsamem Gespräch unterstützt zu werden. Dies ist besonders wichtig, wo Menschen das Bedürfnis haben, unerledigte Dinge zu klären, ihr persönliches Leben bewusst abzuschliessen und sich des grösseren Sinnzusammenhangs zu vergewissern, der ihrem Leben Halt und Hoffnung gibt. Hier liegt die besondere Aufgabe seelsorglicher Begleitung.

Die Qualität solcher Betreuung hängt nicht zuletzt davon ab, wie gut das Zusammenspiel von professionellem Personal, Angehörigen und allenfalls auch freiwilligen Begleiterinnen und Begleitern funktioniert.

5.3. Orientierung am Patientenwillen

Angesichts der Verletzlichkeit eines Menschen in seiner Sterbephase und seines Angewiesenseins auf die Unterstützung durch andere zeichnet sich eine humane, menschenwürdige Sterbebegleitung dadurch aus, dass sie besonders sensibel darauf achtet, die unter Umständen eingeschränkte Autonomie-Fähigkeit des Sterbenden nicht auszunutzen. Der in die Vernehmlassung gegebene Entwurf von SAMW-*Richtlinien für den Umgang mit Patienten am Lebensende* unterstreicht: «Jeder Patient hat das Recht auf Selbstbestimmung.» (Pkt. 2) Weiter: «Die Respektierung des Willens des urteilsfähigen Patienten ist zentral für das ärztliche Handeln. Demzufolge ist eine ärztliche Behandlung gegen den erklärten Willen des urteilsfähigen Patienten unzulässig. Dies gilt auch dann, wenn dieser Wille aus der Sicht Aussenstehender dessen wohlverstandenen Interessen zuwiderzulaufen scheint.» (Pkt. 2.1.)

Darum ist das Recht des Patienten zu betonen, im Sinne der passiven Sterbehilfe den Verzicht auf lebensverlängernde Massnahmen einzufordern und zu verlangen, dass sein Wille, wie er gegebenenfalls in einer Patientenverfügung festgehalten ist, als verbindlich respektiert wird. Auf jeden medizinischen Übereifer (das sog. ‹acharnement thérapeutique›) und jede Behandlung über das hinaus, was die Patientin will, ist strikte zu verzichten.

5.4. Nähe und Distanz

Zu einer guten Sterbebegleitung und palliativen Betreuung gehört zweifellos, dass Angehörige und professionelles Personal einen Sterbenden nicht aufgeben, ihn nicht alleine lassen, sondern für ihn verfügbar bleiben. Die Würde eines Sterbenden respektieren heisst, dafür sorgen, dass er im Sterbeprozess nicht aus dem sozialen Netz fällt, in das er bisher eingebunden war, und dass er umgeben von menschlicher Nähe und wohlwollender Zuwendung sein Leben beenden kann. Wie bei jeder Beziehung ist allerdings auch hier die richtige Balance zwischen Nähe und Distanz zu finden. Ständige Anwesenheit von Angehörigen am Sterbebett kann auch etwas Aufdringliches an sich haben. Es ist bekannt, dass manche Menschen, die im Sterbeprozess ständig von Angehörigen umgeben sind, gerade dann sterben, wenn diese für einen kurzen Moment das Zimmer verlassen. Darum ist Sterbenden die Möglichkeit zu geben, begleitet zu werden *und* phasenweise allein zu sein.

5.5. Mitleiden und Ohnmacht aushalten

Sterben konfrontiert uns wie nichts anderes im Leben mit Grenzen: mit der Begrenztheit unserer Lebenszeit, mit den Grenzen unserer medizinischen Macht, mit den Grenzen unseres Bestimmen- und Verfügen-Könnens. Diese Grenzen anzuerkennen, versöhnt mit ihnen leben zu können – nicht erst, wenn es ans Sterben geht –, ist Teil einer Lebenskunst.

Hier liegt eine grosse Herausforderung guter Sterbebegleitung. Es ist anspruchsvoll, einfach bei jemandem zu sein, auszuharren, auch wenn man nicht viel anderes für ihn tun kann, als eben da zu sein, ihm vielleicht die Hand zu halten, gelegentlich ein paar Worte zu sagen, gute Gedanken auf ihn zu richten oder ein Gebet für ihn zu sprechen. Es ist gerade auch für Ärzte kein Leichtes anzuerkennen, dass man mit kurativen, auf Lebensrettung zielenden Möglichkeiten am Ende ist und nur noch um palliative Erleichterung besorgt sein kann.

Auszuhalten, dass man nicht mehr viel tun kann, dass man dem Sterbenden den unter Umständen schwierigen letzten Weg nicht abnehmen, ja ihn nicht einmal mit ihm gehen kann, konfrontiert uns mit einem Gefühl von Ohnmacht, von Schwäche. Diese Ohnmacht mitleidend auszuhalten, ihr nicht auszuweichen, fordert Kraft. Dabei gehört gerade dieses Wenige, Ohnmacht und Hilflosigkeit auszuhalten und beim Leidenden und Sterbenden auszuharren, zum Entscheidenden einer menschenwürdigen Sterbebegleitung.

Zitierte Literatur

Baumann-Hölzle, Ruth (2000), *Gelungenes Altwerden und Sterben im Spannungsfeld von Macht und Menschenwürde. Theologische und sozialethische Erwägungen zum Altwerden und Sterben,* in: Mettner, Matthias (Hg.), Wie menschenwürdig sterben? Zur Debatte um die Sterbehilfe und zur Praxis der Sterbebegleitung, Zürich, 71 – 82.

Die Würde des sterbenden Menschen (2003). Pastoralschreiben der Schweizer Bischöfe zur Frage der Sterbehilfe und der Sterbebegleitung, in: Mettner, Matthias & Schmitt-Mannhart, Regula (Hg.), Wie ich sterben will. Autonomie, Abhängigkeit und Selbstverantwortung am Lebensende, Zürich, 403 – 435.

Ethische Richtlinien für die Altersheime der Stadt Zürich (2003), hg. von der Direktion der Altersheime der Stadt Zürich.

Faisst, K., Fischer, S., Bosshard, G., Zellweger, U., Bär, W., Gutzwiller, F. (2003), *Medizinische Entscheidungen am Lebensende in sechs europäischen Ländern: Erste Ergebnisse,* Schweizerische Ärztezeitung Nr. 32/33, 1676 – 1678.

Jüngel, Eberhard (1997), *Meine Zeit steht in Deinen Händen (Psalm 31,16). Zur Würde des befristeten Menschenlebens,* Heidelberg (Heidelberger Universitätsreden13).

Körtner, Ulrich H. J. (2004), *Grundkurs Pflegeethik,* Wien (UTB 2514).

Körtner, Ulrich H. J. (2001), *Unverfügbarkeit des Lebens? Grundfragen der Bioethik und der medizinischen Ethik,* Neukirchen-Vluyn.

Kurz, Wolfram (1998), *Die Bedeutung der Logotherapie für die Gerontagogik,* in: Blonski, Harald (Hg.), Ethik in der Gerontologie und Altenpflege. Leitfaden für die Praxis, Hagen, 179 – 192.

Medizinisch-ethische Richtlinien und Empfehlungen zur Behandlung und Betreuung von älteren, pflegebedürftigen Menschen (2004), hg. von der Schweizerischen Akademie der Medizinischen Wissenschaften.
(www.samw.ch/content/Richtlinien/d_RL_AeMiA_2004.pdf)

Medizinisch-ethische Richtlinien zur Betreuung von Patienten am Lebensende (2004), hg. von der Schweizerischen Akademie der Medizinischen Wissenschaften.
(www.samw.ch/content/Richtlinien/d_RL_Sterbehilfe.pdf)

Protection of the human rights and dignity of the terminally ill and the dying (1999). Recommendation 1418 of the Assembly of the Council of Europe, abgedruckt in: Mettner, Matthias & Schmitt-Mannhart, Regula (Hg.) (2003), Wie ich sterben will. Autonomie, Abhängigkeit und Selbstverantwortung am Lebensende, Zürich, 359 – 364.

Rentsch, Thomas (1994), *Philosophische Anthropologie und Ethik der späten Lebenszeit,* in: Baltes, Paul B. et al. (Hg.), Alter und Altern: Ein interdisziplinärer Studientext zur Gerontologie, Berlin, 283 – 304.

Schmid, Wilhelm (2003), *Sinn und Sinnlosigkeit des Lebens,* in: ders., Sinn und Sinnlosigkeit. Projekt Philosophie am Bezirksspital Affoltern, Affoltern a. A., 38 – 51.

Sterbehilfe (1999), Bericht der Arbeitsgruppe an das Eidgenössischen Justiz- und Polizeidepartement.

Van der Heide, Agnes et al. (2003): *End-of-life decision-making in six European countries: descriptive study.* The Lancet, 17.06.03.
(http://image.thelancet.com/extras/03art3298web.pdf)

Wilkening, Karin & Kunz, Roland (2003), *Sterben im Pflegeheim. Perspektiven und Praxis einer neuen Abschiedskultur*, Göttingen.

Literatur zur Vertiefung

Baumgarten, Mark-Oliver (2000[2]), *The Right to Die? Rechtliche Probleme um Sterben und Tod,* Bern.

Benzenhöfer, Udo (1999), *Der gute Tod? Euthanasie und Sterbehilfe in Geschichte und Gegenwart,* München (Beck'sche Reihe 1328).

Bonelli, Johannes & Prat, Enrique H. (Hg.) (2000), *Leben – Sterben – Euthanasie?*, Wien.

In Würde sterben (2003), Zeitschrift für Gerontologie und Geriatrie, Bd. 36, Heft 5, Oktober 2003 (Themenschwerpunkt).

Medizinisch-ethische Richtlinien und Empfehlungen zur Behandlung und Betreuung von älteren, pflegebedürftigen Menschen (2004), hg. von der Schweizerischen Akademie der Medizinischen Wissenschaften.
(www.samw.ch/content/Richtlinien/d_RL_AeMiA_2004.pdf)

Medizinisch-ethische Richtlinien zur Betreuung von Patienten am Lebensende (2004), hg. von der Schweizerischen Akademie der Medizinischen Wissenschaften.
(www.samw.ch/content/Richtlinien/d_RL_Sterbehilfe.pdf)

Mettner, Matthias (Hg.) (2000), *Wie menschenwürdig sterben? Zur Debatte um die Sterbehilfe und zur Praxis der Sterbebegleitung*, Zürich.

Mettner, Matthias & Schmitt-Mannhart, Regula (Hg.) (2003), *Wie ich sterben will. Autonomie, Abhängigkeit und Selbstverantwortung am Lebensende*, Zürich.

Picker, Eduard (2002), *Menschenwürde und Menschenleben. Das Auseinanderdriften zweier fundamentaler Werte als Ausdruck der wachsenden Relativierung des Menschen*, Stuttgart.

Rüegger, Heinz (2003), *In Würde sterben? Nachdenken über ein differenziertes Würdeverständnis*, Zürich.

Schwank, Alex & Spöndlin, Ruedi (Hg.) (2001), *Vom Recht zu sterben zur Pflicht zu sterben? Beiträge zur Euthanasiedebatte in der Schweiz,* Zürich.

Sterbehilfe: Lebenshilfe beim Sterben statt Hilfe in den schnellen Tod (2004), Schritte ins Offene, Heft 3/2004 (Themenschwerpunkt).

Wilkening, Karin & Kunz, Roland (2003), *Sterben im Pflegeheim. Perspektiven und Praxis einer neuen Abschiedskultur*, Göttingen.

Anhang

1. Grundwert und Grundprinzipien medizinisch-pflegerischer Ethik

Grundwert: **Menschenwürde**
daraus abgeleitet:
– Gleichheit aller Menschen im Blick auf
  Grundrechte und -pflichten
– Menschenrechte, Recht auf ein Leben unter
  menschenwürdigen Bedingungen

Was ein menschenwürdiger Umgang mit Patienten oder Bewohnerinnen einer Institution der Langzeitpflege bedeutet, verdeutlichen die Grundprinzipien medizinischer und pflegerischer Ethik nach T. L. Beauchamp & J. F. Childress, die sich in der westlichen Welt weitgehend durchgesetzt haben:

1. Prinzip: **Autonomie**
Das Recht auf Freiheit und Selbstbestimmung jedes Menschen ist zu respektieren (gegen noch so gut gemeinte ärztliche und pflegerische Bevormundung).

2. Prinzip: **Fürsorge**
Menschen, die der Hilfe bedürfen, soll immer mit dem Ziel einer möglichst guten Lebensqualität geholfen werden. Das beinhaltet das doppelte Bemühen,
a) Übel/Schaden zu vermeiden und
b) Gutes zu tun.

3. Prinzip: **Gerechtigkeit**

Die jeweils vorhandenen Mittel an Geld, Personal, Zeit und Infrastruktur sind gerecht und fair auf die sie benötigenden Personen zu verteilen.

Aus diesen Prinzipien lassen sich weitere, untergeordnete Prinzipien ableiten, zum Beispiel:

Wahrhaftigkeit

Die Patientin hat Anrecht auf wahrheitsgemässe Information über ihren Zustand und die möglichen therapeutischen Massnahmen.

Verschwiegenheit

Professionell Behandelnde und Betreuende halten sich an die berufliche Schweigepflicht und die Regeln des Datenschutzes.

Respekt vor der Privatsphäre

Die Privatsphäre von Spitalpatienten oder Heimbewohnern ist auch im institutionellen Alltag so weit als möglich zu respektieren.

2. Möglicher Inhalt einer Patientenverfügung

in Anlehnung an das *HumanDokument* von DIALOG ETHIK

- **Personalien**
Vorname, Name, Geburtsdatum, Adresse

- **Wichtigste Bezugspersonen**
Bezugspersonen,
  - die verständigt werden sollen
  - denen gegenüber die Ärzte vom Berufsgeheimnis entbunden werden
  - die ermächtigt werden, als bevollmächtigte Vertretungsperson in medizinischen Angelegenheiten zu entscheiden

- **Ins Auge gefasste Situation**
Beschreibung, in welcher Situation die in der Patientenverfügung festgehaltenen Massnahmen zum Tragen kommen sollen

- **Schmerzlinderung, Sedierung**
Wünsche betreffend Schmerzlinderung und Sedierung:
  - grosszügig (unter Inkaufnahme einer allfälligen Lebensverkürzung)?
  - eher minimal?

- **Lebensverlängernde Massnahmen**
Generelle Wünsche betreffend lebensverlängernder Massnahmen:
  - Verzicht auf unnötige lebensverlängernde Massnahmen?
  - alles tun, was möglich ist, solange noch eine geringe Chance besteht (z. B. bezüglich Reanimation)?

- **Organspende**
  Grundsätzliche Bereitschaft dazu: ja oder nein?
  Wenn ja: alle oder nur einzelne Organe?

- **Obduktion/Autopsie**
  Freiwillige Bereitschaft dazu: ja oder nein?

- **Krankengeschichte**
  Wem sollen Ärzte Einsicht in die Krankengeschichte geben
  dürfen?

- **Religiöse Begleitung**
  Wünsche betreffend:
  – seelsorgliche Begleitung
  – allfällige Rituale

- **Bestattung**
  Wünsche hinsichtlich:
  – Art der Bestattung: Erdbestattung? Kremation? Gemein-
    schaftsgrab?
  – Abdankung

3. Patientenverfügungen aus der Schweiz

1. Ärzteschaft und Evang.-Ref. Landeskirche des Kantons Glarus

Sekretariat der Evangelisch-Reformierten Landeskirche
Wiesli 7, 8750 Glarus
Tel. 055 640 26 09, Fax 055 640 67 02
E-Mail: landeskirche.glarus@bluewin.ch
→ *Wie ich sterben möchte. Glarner Patientenverfügung*
(Mappe mit 5 Doppelseiten, je eine Doppelseite Formular
‹Patientenverfügung› und ‹Sterbebegleitung›)

2. Beobachter

Karin von Flüe, Im Reinen mit den letzten Dingen.
Ratgeber für den Todesfall, Beobachter-Buchverlag,
Zürich 2002, S. 118 – 123:
→ *Patientenverfügung*

3. Caritas Schweiz

Löwenstrasse 3, Postfach, 6002 Luzern
Tel. 041 419 22 22, Fax 041 419 24 24
E-Mail: info@caritas.ch
→ *Persönliche Verfügung: Menschlich sterben können*
(1 doppelseitige Karte A5 und 4 Seiten Kommentar)

4. Christen im Dienst an Kranken (CDK)

Zelglistrasse 1, 8344 Bäretswil
Tel. 01 979 13 66
→ *Patientenverfügung*
(2 Seiten A4 + Kärtchen mit Umschlag in Kreditkartenformat)

5. Dachverband Schweizerischer Patientenstellen (DVSP)

Posthaus, Schaffhauserplatz, Postfach, 8042 Zürich
Tel. 01 361 92 56
→ *Patientenverfügung*
(4 Seiten A5)

6. DIALOG ETHIK

Interdisziplinäres Institut für Ethik im Gesundheitswesen
Sonneggstrasse 88, 8006 Zürich
Tel. 01 252 42 01, Fax 01 252 42 13
E-Mail: info@dialog-ethik.ch
→ *HumanDokument – Erweiterte Patientenverfügung*
(14 Seiten, Möglichkeit einer elektronischen Erfassung/Hinterlegung und Erhalt eines Plastikausweises; Telefon-Hotline; persönliche Beratung möglich. Das *HumanDokument* ist zugleich die offizielle Patientenverfügung des Schweizerischen Senioren- und Rentner-Verbandes SSRV)

7. DIGNITAS

DIGNITAS. Menschenwürdig leben – Menschenwürdig sterben
Postfach 9, 8127 Forch
Tel. 01 980 44 59, Fax 01 980 14 21
E-Mail: dignitas@dignitas.ch
→ *Patientenverfügung*
(4 Seiten, nur für Mitglieder)

8. EXIT

EXIT – Deutsche Schweiz
Mühlezelgstrasse 45, 8047 Zürich
Tel. 043 343 38 38, Fax 043 343 38 39
E-Mail: info@exit.ch
→ *Patientenverfügung*
(1 Seite, zugleich Mitgliederausweis, nicht identisch mit Freitoderklärung!)

9. FMH

Verbindung der Schweizer Ärztinnen und Ärzte
Elfenstrasse 18, Postfach 293, 3000 Bern 16
Tel. 031 359 11 11, Fax 031 359 11 12
E-Mail: fmh@hin.ch
→ *Patientenverfügung*
(1 Seite)

10. Pflegezentrum am Limmattalspital Schlieren

Karin Wilkening & Roland Kunz, Sterben im Pflegeheim,
Vandenhoeck & Ruprecht, Göttingen 2003, S. 238 – 239:
→ *Patientenverfügung*

11. Pro Mente Sana

Hardturmstrasse 261, Postfach, 8031 Zürich
Tel. 01 361 82 72, Fax 01 361 82 16
E-Mail: kontakt@promentesana.ch
→ *Patientenverfügung*
(3 Seiten)

12. Schweizer Radio DRS1

Radiokiosk DRS, 8401 Winterthur
Tel. 0848 840 800, E-Mail: edel@radiokiosk.ch
→ *«Wenn ich sterbe». Vertrauliche Anweisungen für meine*
Angehörigen
(24 Seiten)

13. Schweizerische Patienten- und
Versicherten-Organisation (SPO)

Häringstrasse 20, 8001 Zürich
Tel. 01 252 54 22, Fax 01 252 54 43
E-Mail: patienten-organisation@bluewin.ch
→ *Patientenverfügung*
(2 Seiten, 4 Seiten Kommentar, Ausweis)

14. Schweizerisches Weisses Kreuz

Lindhübelstrasse 45, 5724 Dürrenäsch
Tel. 062 767 60 00, Fax 062 767 60 01
→ *Patientenverfügung*
(4 Seiten A5)

15. Stadtärztlicher Dienst und Amt für Krankenheime der Stadt Zürich

Walchestrasse 31, 8035 Zürich
→ *Was mir wichtig ist. Vereinbarungen und Verfügungen*
(Mappe mit 8 Blättern A4)

16. GGG Begleiten/Voluntas

Leimenstrasse 76, 4051 Basel
Tel. 061 225 55 25, Fax 061 225 55 29
→ *Patientenverfügung*
(Wegleitung zum Erstellen einer eigenen Patientenverfügung und persönliche Beratung, Möglichkeit zur Hinterle-
gung der Patientenverfügung bei der Medizinischen Notruf-
zentrale MNZ MedGes und Erhalt einer Ausweis-Card)

17. Zürcher Vereinigung zur Begleitung Schwerkranker (ZVBS)

Zürichbergstrasse 86, 8044 Zürich
Tel. 0878 80 30 15
→ *Patientenverfügung*
(1 Seite A5 = letzte Seite des vierseitigen Faltblatts:
Wegleitung im Todesfall)